Wie ein roter Faden – Teil 2: Schweiz

INA LANGE

WIE EIN ROTER FADEN – TEIL 2: SCHWEIZ

Bibliografische Information der Deutschen Nationalbibliothek
Die Deutsche Nationalbibliothek verzeichnet diese Publikation in der Deutschen
Nationalbibliografie; detaillierte bibliografische Daten sind im Internet über
http://dnb.d-nb.de abrufbar.

Satz, Umschlaggestaltung und Verlag: BoD · Books on Demand GmbH,
Überseering 33, 22297 Hamburg, bod@bod.de
Druck: Libri Plureos GmbH, Friedensallee 273, 22763 Hamburg

ISBN: 978-3-7693-2510-2

DIE AUTORIN

Ina Lange ist das Pseudonym einer lebenslustigen Frau, die mit Herz, Humor und einer ordentlichen Portion Chaos durchs Leben tanzt. Nach einem mutigen Neuanfang in der Schweiz meistert sie den Alltag mit drei Kindern, herausfordernden Beziehungen, Bürokratie und viel Gefühl, nicht immer geradlinig, aber immer aufrecht.

Ihre autobiografische Erzählweise ist ehrlich, berührend und herrlich witzig. Sie schreibt so, wie sie lebt: mitten aus dem Herzen. In „Wie ein Roter Faden Teil 2: Schweiz" nimmt sie ihre Leserinnen mit auf eine persönliche Reise voller Höhen, Tiefen und überraschender Wendungen und zeigt, dass man auch mit einem verknoteten roten Faden, seinen Weg finden kann.

INHALT

VORWORT

Diese Geschichte basiert auf wahren Begebenheiten, oder auch nicht? – manchmal unfassbar, manchmal zum Schreien komisch und manchmal einfach nur zum Heulen. Ähnlichkeiten mit realen Personen? Zufall! Oder auch nicht. Man weiss ja nie wer mitliest.

Jedenfalls: Willkommen zurück in meinem Leben.

Nach dem – sagen wir mal – recht turbulenten Kapitel in Deutschland, ging das Abenteuer in der Schweiz weiter..»Nein, wir sind nicht wegen der schönen Alpen oder der fetten Löhne ausgewandert. Auch nicht, weil ich plötzlich ein Herz für Schwyzerdütsch hatte – obwohl ich zugeben muss: Käsefondue? Liebe ich!« Der Grund war ganz einfach: Ich wollte das Beste für mein Kind. Und das bekam ich eben nicht in Deutschland. Also: Koffer gepackt, Mut zusammengesammelt und los.

Es wurde nicht unbedingt leichter – aber bunter, verrückter und irgendwie auch magischer. Zwischen Bürokratie-Chaos, Schweizer Eigenheiten und einer Prise Esoterik erlebte ich Dinge, die ich selbst kaum glauben konnte. Doch eins kann ich euch versprechen: Und wenn ihr glaubt, das Leben schreibt keine guten Geschichten, dann haltet euch fest – das hier ist erst der Anfang.

Ich wünsche euch Lachen, Mitfühlen, Kopfschütteln und vielleicht ein paar Erkenntnisse. Willkommen in Teil 2 meiner wilden Lebensreise.

KAPITEL 1

GRÜEZI MIT HERZ –
MEIN CRASHKURS IM SCHWEIZER SEIN

Also mal ehrlich – ich dachte ja wirklich: Das wird ein Spaziergang! Neues Land, gleiche Sprache, und hey, ich spreche fliessendes Hochdeutsch! Pustekuchen. Willkommen in der Schweiz. Oder besser gesagt: im Schwyzerdütsch-Dschungel mit eingebautem Stolperstein-Programm.

Man versteht am Anfang so ungefähr jedes dritte Wort – und das auch nur, wenn man sich stark konzentriert und nebenbei nicht versucht, höflich zu lächeln. Der Rest? Eine phantasievolle Klangkulisse aus Jodelvibes, Kauderwelsch und wortakrobatischen Höhenflügen. Die Satzstellung? Ein Fall für Sherlock Holmes. Und die Aussprache? Nun ja – nennen wir sie liebevoll *originell kreativ*.

Aber, man muss es ihnen lassen: Die Schweizer sind höflich. Richtig höflich. Sobald sie merken, dass du aus Deutschland kommst, schalten sie ganz selbstverständlich aufs Hochdeutsch um. Also ... sie *versuchen* es. Und das ist schon liebenswert genug, um sämtliche sprachlichen Irritationen einfach zu umarmen.

Trotzdem – ich war eindeutig zu alt für einen vollumfänglichen Mundart-Neustart. Also blieb ich bei meinem sauberen Hochdeutsch, während die Schweizer liebevoll dialektal weiterbrabbelten. Und siehe da: Nach ein paar Wochen verstand ich alles – na ja, *fast* alles. Nur beim Fussball wurde es ... sagen wir mal: emotional anspruchsvoll.

Denn da zeigt sich plötzlich ein ganz neues Temperament. WM oder EM gemeinsam schauen? Kann man machen. Muss man aber aushalten können. Die Grundhaltung: »*Egal wer gewinnt, Hauptsache nicht die Deutschen.*«

Und da stand ich also – mitten im Public Viewing, patriotisch gestylt im Deutschland-Trikot, mit einer Vuvuzela in der Handtasche (man muss ja auch *hörbar* mitfiebern). Die Blicke der Schweizer? Eine gelungene Mischung aus Schockstarre, zartem Entsetzen und der stillen Frage: »*Warum tut sie das?*«

Aber hey – wer austeilt, muss auch einstecken können, oder? Und ich hatte einen Ruf zu verteidigen. *Ein bisschen Frechheit schadet nie.*

Dann gab es aber auch die Dinge, die mich völlig umgehauen haben – diesmal im allerbesten Sinne. Da stehen tatsächlich Paletten mit Blumenerde, Tomatenpflanzen oder Grillzubehör übers Wochenende *unbeaufsichtigt* vor dem Baumarkt. Und niemand, wirklich *niemand*, klaut auch nur eine Tüte Erde. In Deutschland? Wäre das in fünf Minuten mit Gabelstapler, Anhänger und vermutlich noch einer Grillwurst in der Hand abtransportiert.

Hier? Friedliches Nebeneinander – Weltfrieden durch Pflanzen, quasi.

Nur bei uns Deutschen hört der Spass ein kleines bisschen auf. Die Schweizer – wie soll ich sagen – haben da gewisse *Vorbehalte*. Offen zur Schau gestellte Grossschnäuzigkeit kommt so mittelgut an. Es sei denn ... man ist aus Hamburg. Da hatte ich komischerweise Bonuspunkte. Vielleicht lag's an der nordischen Coolness – oder an der Tatsache, dass Hamburger eigentlich selten Vuvuzelas dabei haben.

Aber ganz ehrlich? Die Lebensqualität in der Schweiz ist einfach höher. Punkt. Mehr Ruhe, weniger Neid, mehr »Leben und leben lassen«. Die Menschen hier wirken insgesamt entspannter – so, als ob der Stress gar nicht bis in die Alpen hochkommt.

Und trotz mancher kleiner Missverständnisse, kulturellen Stolperfallen und einer gewissen Vuvuzela-Empörung: Ich fühlte mich willkommen. Herzlich willkommen sogar.

Und das – das ist unbezahlbar.

KAPITEL 2

ALLTAG À LA SUISSE –
ZWISCHEN ZUCKERGUSS UND ZOFF

Samuel war – wie soll ich sagen – ein Exemplar für sich. Eigenwillig, introvertiert, fast schon ein professioneller Einzelgänger. Freunde? Brauchte er nicht. Besuch? Mochte er noch weniger. Wenn ich mal eine Freundin zu Kaffee und Kuchen einlud, während er von der Arbeit heimkam, verzog er das Gesicht, als hätte ich ihm einen wandernden Zirkus ins Wohnzimmer gestellt. Giraffe inklusive.

Aber gut – Luana war noch klein, ich steckte mitten im Mama-Modus, und für mich war sein Gemotze nicht mehr als nerviges Hintergrundrauschen. Wie eine Mücke, die summt, aber zu müde zum Stechen ist. Ich hatte einfach andere Prioritäten.

Freunde finden in der Schweiz? Ha! Gar nicht so leicht. Ohne Vereine oder einen Hund an der Leine blieb da eigentlich nur mein Studio. Aber mein kleiner Kosmetiksalon war mehr als ein Ort für schöne Nägel – er war mein soziales Wohnzimmer. Da wurde nicht nur gefeilt, sondern auch geredet, gelacht und manchmal sogar ein Tränchen verdrückt. Zwischen Nagellack und Nagelöl lernte ich die tollsten Menschen kennen – und ab und zu auch welche, die man lieber in der Schublade »skurril, aber harmlos« abheftet.

Als Luana fast drei war, startete sie in einer Spielgruppe. Und schwupps – tat sich ein neues Tor auf. Neue Eltern, neue Begegnungen, neue Realitäten. Und mit jeder Begegnung wurde mir klarer: Jeder schleppt seinen eigenen Rucksack durchs Leben.

Marvin ging inzwischen auf eine Schule für seh- und mehrfachbehinderte Kinder. Jedes Schulfest dort war für mich ein emotionaler Drahtseilakt. Zwischen Staunen, Mitgefühl und der puren Erschöpfung. Als eines der Kinder aus Marvins Klasse starb, ging die ganze Klasse geschlossen zur Beerdigung.

Erschüttert. Diese kleinen Kinderseelen ... und schon so viel Schmerz. So viel Abschied. Es zerriss mir das Herz.

Carsten dagegen hatte das Leben gepackt wie ein wilder Stier. Er machte eine Ausbildung zum Logistiker – und war richtig gut darin. Endlich ein Lichtblick! Ein Moment, der zeigte: Nicht alles ist bröckelig. Manches trägt. Und wie!

Und doch – Marvins Krankheit traf uns weiter mit voller Breitseite. Der neue Augenarzt brachte keine Erleichterung, sondern noch mehr Fragezeichen. Es war nicht »nur« Morbus Stargardt. Nein, es war ein Mix, ein medizinisches Wirrwarr mehrerer seltener Augenerkrankungen. Die Aussicht? Vielleicht würde irgendwann alles schwarz für ihn werden. Keine Farben. Kein Licht. Zack – nächste emotionale Bruchlandung.

Ich fiel in ein Loch. Kein tiefes, kein dramatisches – eher so ein schweigendes, das einem die Luft nimmt. Aber wer mich kennt, weiss: Ich bleib nicht liegen. Ich krieg mich wieder zusammen. Also fing ich an zu suchen. Recherchierte, telefonierte, las. Und ich fand sie – eine Augen-Akupunktur-Praxis, die Hoffnung versprach. Hoffnung auf eigene Kosten, versteht sich.

Der Vater in Bayern? Wollte eine Erfolgsgarantie, bevor er zahlte. Klar. Als ob es bei so etwas einen Kassenzettel mit Umtauschrecht gäbe. Also finanzierte ich die Sitzungen allein. Eineinhalb Jahre lang. Mit viel Herzblut, Hoffnung – und am Ende leider ohne echte Verbesserung. Wieder so ein Moment, in dem man sich fragt: Warum zur Hölle passiert das alles?

Aber aufgeben? Nicht mein Stil. Marvin bekam Mobilitätstraining – das half ihm. Den Blindenstock wollte er nicht. Die Blindenschrift? »Ich bin nicht blind«, sagte er. Und weisst du was? Ich liebte ihn genau dafür. Für diesen Mut. Für seinen Trotz. Für dieses *Ich bin nicht blind – ich sehe nur anders.*

Und dann – als wäre das alles nicht schon genug – meldete sich plötzlich Harry wieder. Ja, *der* Harry. Mein persönlicher Stalker aus Deutschland. Der Albtraum in Menschengestalt. Er sprach meiner Mutter aufs Band. Wollte meine Nummer. Ich war fassungslos. Die Vergangenheit klopfte an die Tür.

Samuel – so wortkarg er oft war – griff zum Hörer. »Ich habe gehört, Sie suchen meine Frau?«

Harrys Antwort: »Ah, sie ist verheiratet? Dann hat sich das erledigt.«

Wie praktisch. Wie pragmatisch. Wie verdammt unheimlich.

Ich war einfach nur froh, dass ich da raus war. Raus aus Deutschland. Raus aus seiner Reichweite. Ich bin sicher: Hätte ich ihn nicht abgeschüttelt – er hätte mich nie in Ruhe gelassen. Vielleicht ... hätte er mich sogar umgebracht.

KAPITEL 3

LUANAS GROSSE BÜHNE –
EINE TAUFE WIE IM BILDERBUCH

Es gibt diese seltenen Tage, an denen einfach alles passt. Keine Stolpersteine, kein Chaos, keine versteckten Dramen – nur Liebe, Licht und ein bisschen Gänsehaut.

Luanas Taufe war so ein Tag.

Ich nahm Kontakt auf mit unserem Pfarrer – und was für einer! Martin war ein echter Herzensmensch mit Bodenhaftung, Humor und dieser feinen Gabe, Menschen zu berühren, ohne sich aufzudrängen. Als er merkte, dass ich aus Deutschland stamme, wechselte er nahtlos vom tiefsten Schwyzerdütsch ins reinste, bilderbuchklare Hochdeutsch. Ich war ehrlich gesagt ein bisschen sprachlos – der konnte das wirklich! Und wie sich herausstellte: Seine Mutter war Deutsche. Na bitte – Connection gefunden, zack, wir waren auf einer Wellenlänge.

Ich organisierte die Taufe mit Herz, Hirn und einer Prise Festtagsglanz. Alles sollte besonders werden – aber nicht überladen. Einfach schön. Meine Mama reiste an, mein Bruder Tim und seine Freundin Ursula, Samuels Eltern ebenfalls.

Und dann kam der grosse Tag. Die Kirche war lichtdurchflutet, die Stimmung feierlich, aber nicht steif. Samuels Mutter war so ergriffen, dass sie nach der Zeremonie meinte: »*Wenn wir so einen Pfarrer hätten, würde ich jeden Sonntag in die Kirche gehen.*« Ich musste schmunzeln – und mein Herz machte einen kleinen Freudenhüpfer.

Denn Martin war wirklich der Knaller. Er stellte Luana der Gemeinde vor, als wäre sie ein kleiner Superstar. Hob sie in die Höhe wie in »König der Löwen« – nur mit mehr Stil und ohne Soundtrack. Und während er sprach, füllte sich der Raum mit so viel Herzlichkeit, dass selbst der kälteste Kirchenboden warm wirkte. Ich sass da, mittendrin, mein Herz ein glühendes Butterstück.

Und Luana? Sie strahlte. In ihrem kleinen weissen Taufkleid sah sie aus wie ein Engel mit Milchbart – und irgendwie wusste sie genau, dass dieser Tag ganz ihr gehörte. Kein Geschrei, kein Gezappel – nur dieses süsse, zufriedene Strahlen.

Es war ... magisch. Ein Moment, so voll Liebe, Harmonie und innerem Frieden, dass ich ihn tief in meinem Herzen verankerte. Ein kleiner Leuchtturm inmitten all der emotionalen Stürme, die das Leben sonst so zuverlässig schickt.

Und das Beste? Martin blieb uns erhalten. Als Zuhörer, als Begleiter, als jemand, der nicht urteilt, sondern einfach da ist. Ein Segen auf zwei Beinen – im wahrsten Sinne.

KAPITEL 4

WUNSCHKIND MIT UMWEGEN – HOFFNUNG, HERZSCHMERZ UND EIN DOPPELTER SCHOCK

Manchmal überrascht einen das Leben – und manchmal trifft es mitten ins Herz. In beidem war ich inzwischen Profi.

Samuel blühte auf in seiner Vaterrolle. Luana war für ihn das pure Glück auf zwei Beinchen, seine kleine Sonne mit Dauerlächeln. Ich liebte es, ihn so sanft, so fürsorglich, so voller Liebe zu sehen. Und eines Tages kam er mit diesem Blick um die Ecke – diesem verschmitzten, leicht scheuen, der bei ihm bedeutete: *Ich hab da mal was auf dem Herzen.*

»Ich hätte gern noch ein Kind«, sagte er.

Unser Leben war ruhig, stabil, fast ein bisschen idyllisch. Luana verzauberte uns täglich mit ihren Entdeckungen, und zwischen Spielgruppe, Studio und Spielplatz hatte sich ein friedlicher Familienrhythmus eingespielt. Warum also nicht? Ich schaute ihn an, lächelte – und sagte: »Wenn, dann jetzt.«

Und zack – schwanger.

Es lief alles bestens. Ich fühlte mich gut, freute mich, war voller Hoffnung. Doch bei der zweiten Vorsorgeuntersuchung kam der Schlag: kein Herzschlag mehr.

Ein kleiner Satz mit riesiger Wucht.

Ich sass da, das Ultraschallgerät zeigte nichts, mein Kopf wurde leer – und mein Herz schwer. Ich war am Boden. Wieder einmal. Und doch sagte mein Gynäkologe, ich könne es bald wieder versuchen. Körperlich sprach nichts dagegen.

Und so geschah es. Ein paar Wochen später – erneut schwanger. Diesmal wollte ich einfach meine Ruhe. Keine Termine, keine Fragen, keine neugierigen Blicke. Ich lebte nach dem Motto: *Was keiner weiss, kann auch keiner kaputtreden.*

Nach drei Monaten ging ich dann doch zum Arzt. Ich wollte Gewissheit.

Der Arzt setzte den Ultraschallkopf an, nahm ihn wieder weg, setzte ihn erneut an ... und fragte mich: »Was sehen Sie?«

Ich sah zwei dunkle Kreise.

»Zwei«, sagte ich zögerlich.

Er grinste. »Ganz genau. Sie sind nicht nur schwanger – Sie sind es gleich zweimal.«

Ich wusste nicht, ob ich lachen oder weinen sollte. Zwillinge! Ich war 42. Das war kein Spaziergang – das war ein Abenteuer mit Anschnallpflicht.

Die Freude war noch frisch, als wir zur grossen Untersuchung in die Uniklinik mussten – und dort kam der nächste Schock. Die Nackenfalte beider Föten war auffällig. Verdacht auf Trisomie 21.

Zuerst dachten die Ärzte an einen Fehler bei der Punktion. Aber die zweite Fruchtwasseruntersuchung bestätigte es: Beide Babys hatten Down-Syndrom.

Ich spürte, wie alles in mir zusammenbrach.

Wie konnte das sein? Erst Marvin, mit seiner seltenen Augenerkrankung. Jetzt das. Zwei Kinder mit einer lebenslangen Beeinträchtigung. Ich sass da – und konnte nicht mehr atmen.

Mein Arzt schaute mich ernst an: »Das ist eine Lebensaufgabe. Viele Paare zerbrechen an einem Kind mit Trisomie 21. Zwei ... das ist kaum zu stemmen.«

Er hatte recht. Ich hatte bereits drei Kinder.

Marvin – ein besonderer Junge mit besonderen Bedürfnissen.

Carsten – mitten in der Achterbahn der Pubertät.

Luana – noch so klein und so voller Energie.

Und ich? Ich war erschöpft. Und allein mit dieser Entscheidung.

Es war eine der schwersten meines Lebens.

Aber ich traf sie – ganz bewusst. Ich entschied mich gegen die Schwangerschaft.

Es war meine Entscheidung.

Und ich stehe bis heute dazu.

Nicht, weil ich das Leben nicht liebe – sondern weil ich wusste, dass ich nicht noch mehr Leben mit speziellem Förderbedarf gerecht werden konnte.

KAPITEL 5

ABSCHIED MIT TRÄNEN –
MEIN SCHWERSTER ENTSCHLUSS

Der Entschluss stand. So schwer er auch war, so schmerzhaft er sich anfühlte – ich hatte ihn getroffen: Ich würde die Schwangerschaft beenden.

Ironie des Lebens, dachte ich bitter. Jahrelang war ich in Kinderwunschkliniken gerannt, hatte gehofft, gebangt, gehofft. Und ausgerechnet Luana – unser kleines Wunder – kam dann ganz ohne fremde Hilfe. Einfach so. Und jetzt stand ich hier, mit einem Entschluss im Herzen, der alles andere als leicht war. Eine Abtreibung. Ich, die so sehr Mutter sein wollte.

Doch das Leben macht eben keine Wunschlisten. Es stellt Fragen – und manchmal gibt es keine Antwort, die sich richtig anfühlt.

Und dann kam der nächste Schock.

Die Ärztin teilte mir mit, dass die Kinder *normal* entbunden werden müssten.

Ich erstarrte.

Ich dachte, ich hätte mich verhört. »*Wie bitte?*«

Ich sagte: »Das kann ich auf keinen Fall.«

Sie sah mich an – und sie verstand. Sie versprach, nach einer Lösung zu suchen.

Einen Tag später sass ich wieder in ihrer Praxis. Diesmal mit Hoffnung im Gepäck – und einer Mischung aus Angst, Erleichterung und absoluter Erschöpfung.

Sie hatte einen Arzt gefunden.

Einen, der bereit war, den Eingriff unter Vollnarkose vorzunehmen.

Am Montag.

Dienstag wäre es zu spät gewesen.

Ich wurde über die Risiken aufgeklärt: mögliche Unfruchtbarkeit, starker Blutverlust, körperliche Reaktionen. Aber all das erschien mir in diesem

Moment weniger schlimm, als der Gedanke, zwei tote Kinder auf natürlichem Weg zur Welt bringen zu müssen.

Das hätte ich nicht überlebt.

Nicht seelisch.

Am Tag des Eingriffs sass ich in meinem Zimmer, wie betäubt. Völlig aufgelöst. Ich weinte, ich zitterte, ich rang mit mir – und irgendwann war ich einfach ... leer. Mein Körper gab auf, mein Geist schaltete ab. Ich schlief ein.

Der Eingriff verlief ohne Komplikationen.

Doch als ich aufwachte, fühlte ich mich wie eine Hülle.

Leicht. Und gleichzeitig schwer.

Leicht – weil der Eingriff vorbei war.

Schwer – weil ich wusste, was ich verloren hatte. Oder besser: was ich nie haben würde.

Mein Gynäkologe – ein kluger, einfühlsamer Mensch – machte sich Sorgen um mich.

Er vermittelte mich an eine wunderbare Frau. Eine Psychologin mit dem Herzen am richtigen Fleck, mit Wärme in der Stimme und einem Blick, der mich sah.

Nicht als Patientin.

Nicht als Problem.

Sondern als Mensch.

Sie begleitete mich behutsam durch diesen dunklen Tunnel. Schritt für Schritt, Wort für Wort.

Am Ende schenkte sie mir ein kleines Stück Hoffnung.

In Form eines Buch-Tipps: *Bestellungen beim Universum.*

Ich las es.

Und zum ersten Mal seit Wochen hatte ich das Gefühl, dass da vielleicht doch noch mehr war. Irgendwo da draussen. Irgendwo in mir.

Die Kinderplanung war für mich hiermit abgeschlossen.

Und mit ihr dieses Kapitel.

KAPITEL 6

DER FLUCH BIS ZUR FÜNFTEN GENERATION – UND WIE ICH IHN LOSWURDE

Manchmal begegnen dir Menschen, die dir einen kleinen Zettel in die Hand drücken – ganz beiläufig, zwischen Tür und Angel. Und Jahre später merkst du: Genau dieser Zettel hat dein Leben verändert.

Meine Mutter hatte früher eine Andeutungen gemacht. Dass unsere Familie irgendwie verflucht sei – auf fünf Generationen. Klingt wie ein schlechter Fantasy-Film mit drittklassigen Effekten? Dachte ich auch. Aber irgendwann – nach dem gefühlt fünfundvierzigsten Familiendrama – begann ich, das Ganze nicht mehr ganz so belächelnd zu betrachten.

Der Fluch sollte angeblich mit meinen Kindern enden der fünften Generation.

Und ich beschloss: *Nein. Der endet jetzt. Und zwar durch mich.*

Der besagte Zettel lag schon ewig in einer meiner Krimskrams-Schubladen. Eine Erzieherin aus Marvins Internat hatte ihn mir mal zugesteckt – mit den Worten: »*Mit so was muss man sich doch nicht herumschlagen. Da gibt es Hilfe.*«

Ich hatte das Stück Papier fast vergessen. Aber nach all dem Herzschmerz, dem Schmerz-Schmerz und dem Chaos der letzten Monate dachte ich mir: *Was hab ich schon zu verlieren?* Und rief an.

Am anderen Ende meldete sich ein freundlicher Mann mit ruhiger Stimme. Kein Hokuspokus-Tonfall, kein dramatischer Trommelwirbel. Einfach sympathisch.

»Haben Sie schon Erfahrung mit esoterischen Sitzungen?« fragte er.

»Äh ... nein«, antwortete ich.

Er bat mich, mich bequem hinzusetzen. Ich versank in mein Sofa, schloss die Augen – und liess los. Ich war offen. Für alles.

Im Hintergrund hörte ich leises Rascheln, ein paar klimpernde

Geräusche – wie in einem uralten Zauberladen mit schiefen Regalen und schwebenden Kristallen. Dann begann er zu sprechen. Ruhig. Fast feierlich. Keine Show, kein Theater. Nur Worte, die irgendwie ... trafen.

Er bat die Schwester meiner Grossmutter – die Frau, die angeblich diesen Fluch einst ausgesprochen hatte –, ihn zurückzunehmen. Nicht mit Vorwürfen. Nicht mit Wut. Sondern liebevoll. Mit Verständnis. Und mit der Bitte um Frieden.

Und dann ... passierte es.

Meine Augenlider begannen sich rasend schnell zu bewegen.

Auf und zu. Auf und zu.

Ich hatte keine Kontrolle mehr. Es fühlte sich an wie in einem dieser leicht überdrehten Horrorfilme – nur dass ich mittendrin war.

Und trotzdem hatte ich keine Angst.

Es fühlte sich an, als würde sich etwas aus meinem Inneren lösen ... und einfach davonschweben. Raus. Durch mich hindurch. Direkt durchs Fenster.

Ich sass da. Völlig überrascht.

Und gleichzeitig ... befreit.

Am nächsten Tag rief ich meinen Bruder Tim an – rein aus dem Bauchgefühl heraus.

»Sag mal ... ist dir gestern was Seltsames passiert?«

Er überlegte kurz.

»Jetzt wo du's sagst – an der Strassenbahnhaltestelle hat mir jemand auf die Schulter geklopft. Ich hab mich umgedreht – und da war niemand.«

Spooky, oder?

Aber danach war es, als hätte jemand einen unsichtbaren Schalter umgelegt. Keine dramatischen Abstürze mehr. Keine emotionalen Tsunamis. Klar, der Alltag stolpert auch mal – aber keine Vollkatastrophen mehr, keine finsteren Wolken im Dauermodus.

Und ich spürte es tief in mir:

Dieser Fluch – ob nun real oder nur in meinem Kopf – war weg.

Ich hatte mir mein Leben zurückgeholt.

KAPITEL 7

FAMILIENKRACH DELUXE – WENN DEIN LIEBLINGSBRUDER DICH FALLEN LÄSST

Es gibt Menschen in deinem Leben, von denen denkst du: *Die stehen. Für immer.*

Mein Bruder Tim war so einer.

Witzig, charmant, manchmal ein bisschen verdreht – aber mein Lieblingsbruder.

Einer, mit dem man Pferde stehlen, Zirkuszelte anzünden und danach zusammen aufräumen konnte.

Dachte ich.

Und dann kam Ursula.

Ich mochte sie nicht. Punkt.

Sie war eine von der Sorte, die viel redet – und dabei nichts sagt. Dauerkommentar ohne Substanz.

Tim, dieser lebenslustige Strahlemann, verliebte sich in … graues Toastbrot.

Und ich sagte es ihm. Klar und direkt. So, wie wir das früher immer gemacht hatten.

Dachte, wir hätten so einen Deal. Ehrlichkeit first.

Tja. Denkste.

Tim war *not amused*.

Und als ob das nicht schon gereicht hätte, legte er noch einen drauf – mit einer Aktion, die mir bis heute die Luft raubt.

Er erzählte Ursula und ihrer Tochter alles.

Alles.

Meine dunkelsten Kapitel. Mein Kampf mit dem Stalker. Mein inneres Ringen. Mein Schmerz.

Sie hatten damit plötzlich ein Buffet voller Angriffsfläche – und sie langten zu.

Mit beiden Händen.

Die Tochter schickte mir E-Mails, wie man sie sonst nur in schlechten Reality-TV-Sendungen findet.

Unverschämt, gehässig, unter der Gürtellinie.

Ich konterte – natürlich. Ich bin ja nicht aus Watte.

Aber sie setzte noch einen drauf. Und noch einen.

Ich war fassungslos.

Mein eigener Bruder hatte mich ausgeliefert.

Für ein bisschen Applaus von zwei Frauen, bei denen ich nicht mal einen Kaffee hätte trinken wollen – selbst wenn man mir dafür einen Wellnessgutschein versprochen hätte.

Irgendwann zog ich den Stecker.

Telefon – blockiert.

Soziale Medien – dicht.

Brieftaube – hätte ich auch abgewehrt, wenn sie was von Ursula im Schnabel gehabt hätte.

Für mich war das ein kleiner Tod.

Ich habe viel geweint.

Mehr als ich zugeben wollte.

Weil es endgültig war.

Meine Mutter verstand mich.

Ich sagte ihr, dass das nichts mit ihr zu tun hatte – dass sie ja trotzdem auch seine Mutter war.

Aber für mich war der Drops gelutscht.

Da war nichts mehr zu retten.

Nicht, weil ich nicht wollte. Sondern weil ich nicht mehr konnte.

Jahre später versuchte Tim, Kontakt zu meinen Kindern aufzunehmen.

Aber das Interesse war – sagen wir mal:

Überschaubar.

Keiner hatte Bock auf Drama im Familienkostüm.

Blut mag dicker sein als Wasser –

aber wenn's toxisch wird, hilft auch kein DNA-Test.

Es war seine Entscheidung.

Und ich habe sie akzeptiert.

Nicht weil es leicht war.

Sondern weil ich musste.

KAPITEL 8

WENN DIE LUFT RAUS IST –
FAMILIENALLTAG ZWISCHEN PROSECCO
UND PARALLELWELTEN

Und dann kam er.

Der Moment, in dem du realisierst:

Dein Zuhause hat zwar noch ein Dach – aber keine Verbindung mehr.

Keine Wärme. Kein echtes *Wir*.

Samuel und ich?

Liefen nur noch nebeneinander her.

Zweckgemeinschaft trifft es ziemlich gut.

Er war gefühlt rund um die Uhr damit beschäftigt, Joints zu drehen, auf seinem Handy irgendwelche Strategie-Games zu zocken und mit wildfremden Mitspielern über Schlachtpläne zu diskutieren.

Ja, wirklich.

Er telefonierte mit Leuten, um virtuelle Städte zu verteidigen, während ich daneben sass und mich fragte: *Ist das hier jetzt ein Rollenspiel oder einfach nur mein Leben?*

Kommunikation? Gab's nicht mehr.

Nur noch Schweigen. Und gelegentliches Brummen.

Ich verbrachte die Nächte immer öfter bei Luana im Zimmer, während sie oben bei ihm schlief.

Ein klarer Rollentausch – und ein trauriges Symbol für das, was wir geworden waren.

Nichts mehr war gerade.

Alles fühlte sich schief an.

Verdreht, verzogen – wie ein Haus, das sich selbst langsam in den Boden zieht.

Und als wäre das nicht schon genug Drama für einen Vorabendfilm, fing auch Carsten an zu kiffen.

Natürlich gab's deswegen Diskussionen.

Heftige.

Samuel mimte den Moralapostel – mit erhobenem Zeigefinger und belehrendem Ton –

und zündete sich im selben Atemzug selbst einen an.

Er war der lebende Widerspruch in Jogginghose.

Vorbild? Fehlanzeige.

Einmal – ich werde es nie vergessen – schlief er stockbesoffen auf dem Sofa ein ... und bekotzte sich. Komplett.

Von oben bis unten.

Ich stand mit den Kindern auf der Galerie, und wir starrten auf dieses absurde Schauspiel.

Wie in Zeitlupe.

Ein Bild für die Götter – oder für den Therapeuten.

Würdelos ist gar kein Ausdruck.

Und dann war da noch seine Musik.

Grauenhaft.

Ich bin ein Musikmensch – mit Herz, Bauchgefühl und Rhythmus. Musik gibt mir Energie, Trost, Gänsehaut.

Samuel? War eher Team »Heavy Metal«.

Und wenn ich mal etwas hören wollte, gab's den sogenannten *Musik-Sharing-Zwang*:

Fünfzehn Minuten er, fünfzehn Minuten ich.

Als würden wir ein Radioprogramm verwalten.

Nicht ein Leben.

Irgendwann konnte Carsten nicht mehr.

Er zog aus, gründete mit einem Freund eine WG.

Und weisst du was?

Ich verstand ihn.

Ich war selbst am Limit – psychisch, emotional, energetisch.

Ich wollte ein Zuhause.

Keine Dauerbaustelle. Kein Pulverfass.

Tief in mir flackerte noch dieser Traum vom Eigenheim.

Vom Ankommen.

Aber ohne Anzahlung? Illusion.

Dann fanden wir jemanden, der sich auf ein Mietkauf-Modell einliess.

Klang wie ein Hoffnungsschimmer – stellte sich später als Knebelvertrag heraus, den wir teuer bezahlen sollten.

Aber damals ... war es ein Strohhalm.

Und ich klammerte mich daran.

2008 zogen wir um.

Nur anderthalb Kilometer weiter.

Aber emotional war es eine ganz andere Welt.

KAPITEL 9

NEUES HEIM, NEUES ICH? – ZWISCHEN KARTONS, KRACH UND KARRIEREKICK

Manche Umzüge fühlen sich an wie ein Neuanfang.

Unserer? Eher wie der Versuch, mit einem Pflaster ein gebrochenes Bein zu heilen.

Samuel und ich standen eh schon kurz vorm Abgrund – und dann beschlossen wir, gemeinsam in ein neues Haus zu ziehen.

Klingt logisch, oder?

War es nicht.

Es war Wahnsinn.

Aber irgendwie auch unsere letzte Hoffnung.

Immerhin gönnten wir uns diesmal den Luxus eines Umzugsunternehmens. Das erste Mal in meinem Leben, dass ich nicht selbst Kisten schleppte, Möbel zusammenbaute und mich am Ende des Tages mit Rückenschmerzen ins Bett warf.

Stattdessen stand *alles* am selben Tag.

Alle Möbel. Alle Kartons.

Und was tat ich?

Ich sass im Kinderzimmer – umgeben von tausend Legosteinen und noch mehr Emotionen – und heulte.

So richtig.

Burnout-Style.

Es war einfach zu viel.

Alles kostete mich unendlich viel Kraft.

Jede Kleinigkeit wurde zum unüberwindbaren Berg.

Und gleichzeitig ... verhandelte ich mit einem deutschen Hersteller für Nail-Gele über den Exklusivvertrieb in der Schweiz.

Ich, das emotionale Wrack auf dem Boden zwischen Plastiksteinchen – spielte taffe Businessfrau.

Und siehe da: Ich bekam den Zuschlag.

Plötzlich war da wieder dieses Feuer in mir.

Dieses »Ich kann das«-Gefühl.

Im Untergeschoss richteten wir einen kleinen Nailshop ein – mein Reich, mein Rückzugsort, mein Comeback.

Und dann kam diese eine Kundin.

Mit einer glitzernden Idee im Gepäck: Ein Hightech-Gerät zur Gesichts- und Körperstraffung.

Klang schräg?

War es auch.

Aber irgendetwas daran triggerte meinen Unternehmergeist.

Ich schlug zu – und investierte eine ordentliche Summe.

Ich war wieder drin. Im Flow. Im Business. Im *Ich*.

Luana kam in den Kindergarten – endlich ein bisschen mehr Luft.

Mehr Zeit.

Zum Durchatmen.

Theoretisch.

Denn Samuel wurde meiner Mutter immer unsympathischer.

Und ehrlich? Ich konnte sie verstehen.

Sein Dauergejammer nach der Arbeit war kaum auszuhalten.

Immer der gleiche Monolog: »Alles nervt, keiner versteht mich, ich will meine Ruhe ...«

Nur dass *ich* nie Ruhe bekam.

Nur Vorwürfe.

Anpflaumen ohne Grund.

Ich lief auf Eierschalen.

Ständig.

Ein falscher Ton – und die Stimmung kippte.

Und dann kam der nächste Schlag:

Marvin. Auch er hatte angefangen zu kiffen.

Mir fiel alles aus dem Gesicht.

Ich hatte nichts gemerkt.

Er war gut im Tarnen, im Verstecken, im Vermeiden.

In der Schweiz schien Kiffen fast schon zum Jugendkulturprogramm zu gehören – aber für mich war es eine Vollkatastrophe.

Die Spannungen im Haus wurden dichter.
Stickiger.
Erdrückender.
Ich wusste:
So geht es nicht weiter.

KAPITEL 10

GEHEIME CHATS UND DOPPELTE MORAL –
ICH UND MEIN SPIONINNEN-INSTINKT

Manchmal spürt man es einfach.

Ohne Beweise. Ohne Fakten.

Nur dieses leise, nervige Gefühl im Bauch, das flüstert: *Irgendwas stimmt hier nicht.*

Und bei Samuel stimmte einiges nicht.

Dieses Dauergrinsen. Diese plötzlichen Stimmungshochs. Dieses Getippe auf dem Handy – pausenlos.

Er summte vor sich hin, lachte über Nachrichten, angeblich von Arbeitskollegen.

»Nix Wildes, nur der Kollege aus dem Büro ...«

Ja nee. Is klar.

Zum Glück war Samuel nicht gerade der geborene Datensicherheits-Experte.

Er hatte alle seine Passwörter fein säuberlich auf einem Zettel notiert – ganz brav im Schreibtisch abgeheftet.

Ordnung muss sein.

Ich setzte mich also an den PC als er an der Arbeit war, öffnete seinen Verlauf.

Dann seine Mails.

Und da war es: Ein Fremdgeh-Portal.

Er hatte einer Dame geschrieben, dass er »nur etwas zum Ficken« sucht.

Charmant. Wirklich.

Ich war erst sprachlos – dann erstaunlich ruhig.

Der nächste Schritt: Ich loggte mich in seinen Telefonanbieter-Account ein.

Eine Nummer stach sofort ins Auge.

Immer wieder. Tag und Nacht.

Ich checkte den Chatverlauf – und fand Verabredungen.

Zum Essen. Zum Sex.

Ich dachte nur: *Wow. Von mir gab's zwar schon länger keinen Zuckerguss mehr – aber das hier? Das ist ein ganzes Konditor-Handwerk für Fortgeschrittene.*

Also rief ich die Dame mal an.

Höflich. Zuckersüss. Ganz die Lady.

Ich sagte meinen Namen.

Sie: »Wer?«

Ich: »Ich bin die Ehefrau von dem Mann, mit dem du gerade fickst.«

Kleine Stille. Dann ein gespielt ahnungsloses »*Ich ... äh ... wie bitte?*«

Zwei Minuten später schrieb sie ihm wieder.

Konnte ich natürlich live mitlesen.

Herrlich. Fast schon Comedy.

Samuel drehte durch.

Nicht, weil er sich ertappt fühlte.

Sondern weil er überzeugt war, ich hätte eine Wanze auf seinem Handy installiert.

Dabei lag alles, wirklich *alles*, offen in seiner Schublade.

Wenn Dummheit weh täte, wär er ein Dauerpatient.

Oben in seiner Arbeitstasche fand ich regelmässig Schnapsflaschen.

Der Alkohol wurde mehr, die Kontrolle weniger.

Und dann kam der Moment, wo selbst unser Kater Mäxli genug hatte.

Er beschloss, das Katzenklo gegen unser Bett zu tauschen –

was Samuel so auf die Palme brachte, dass er den Kater trat.

Wie beim Elfmeter.

Der arme Mäxli flog die Treppe runter.

Ich stand da, fassungslos.

Und dann kam der Punkt, an dem wirklich gar nichts mehr ging:

Samuel setzte sich besoffen ans Steuer.

Mit Luana im Auto.

Da wusste ich:

Jetzt ist Schluss.

Hier endet der Film.

Abspann. Schwarzer Bildschirm.

Ich wusste nur noch nicht, *wie* ich den Absprung schaffe – ohne dass er komplett durchdreht.

Ich hatte ernsthaft Angst.
Dass er etwas Unüberlegtes tun könnte.
Vielleicht sogar mit Luana.
Er war ein Pulverfass auf zwei Beinen.
Und ich sass direkt daneben – mit brennender Lunte.

KAPITEL 11

NEUE PLÄNE, NEUE SPIELREGELN

Ich wusste: Ich musste klug sein. Geduldig. Bloss nichts überstürzen.

Aber ich hatte auch Schiss.

So richtig.

Allein. Mit drei Kindern. In der Schweiz.

Samuel hatte sich bisher immer um den ganzen Papierkram gekümmert – Steuererklärungen, Behörden, das ganze bürokratische Gedöns.

Ich? Ich konnte das nicht. Und wollte es auch nicht können.

Meine Mutter war weit weg, und jemanden, der spontan auf Luana aufpassen konnte? Fehlanzeige.

Aber ganz ehrlich: Nur wegen solcher Alltagskrücken eine Beziehung weiterführen, die längst klinisch tot war?

Nein. Nicht mit mir.

Er hielt mir immer wieder vor, dass mich sowieso keiner mehr wollen würde – mit drei Kindern im Gepäck.

Tja, danke für den Motivationsschub, du Charmeur.

Ein ganz normaler Tag bei uns sah so aus:

Er ging morgens zur Arbeit, kam nachmittags zurück, murmelte ein lustloses »Tach«, warf den Schlüssel in die Ecke und verzog sich nach oben ins Schlafzimmer.

Meist bepackt mit Fastfood-Tüten und Getränken – für sich. Selbstverständlich.

Jeden. Einzelnen. Tag.

Ich sass unten, schaute Fern oder hörte Musik.

Irgendwann ging ich schlafen.

Das war unser Leben.

Monatelang.

Und ich wusste: Das ist das Ende.

Nur – keiner sprach es aus.

Dann kam mir wieder die Idee mit der Datingseite.

Ich hatte dort früher schon mal reingeschnuppert. Vielleicht war jetzt genau der richtige Zeitpunkt.

Ein bisschen Ablenkung.

Ein bisschen Flirt.

Ein bisschen *Ich bin noch da.*

Ich zögerte.

Laptop auf. Laptop zu.

Kein Foto hochladen – das war klar. Ich hatte keine Lust, entdeckt zu werden – weder von ihm noch von jemandem, der ihn kannte.

Aber irgendwann klickte ich auf »Anmelden«.

Und plötzlich war ich wieder in einer anderen Welt.

Ich chattete mit Männern, lachte, tauschte Songs aus, flirtete.

Und ganz ehrlich? Es tat gut.

So gut.

Nach all den Jahren, in denen ich mir hatte einreden lassen, dass mich niemand mehr will – war das wie ein Befreiungsschlag.

Ich tanzte wieder durchs Wohnzimmer.

Allein.

Mit Musik, die ich mochte.

Ohne fünfzehn-Minuten-Metal-Kompromisse.

Und Samuel?

Nahm das alles nicht mal wahr.

Irgendwann tauschte ich auch Fotos aus.

Dann kamen die ersten Treffen.

Anfangs ganz harmlos.

Ein Drink, ein nettes Gespräch, kein Feuerwerk – aber Freiheit.

Ich schlich mich danach leise wieder ins Haus, keiner bemerkte etwas. Nicht einmal Luana.

Und mit jedem Schritt wurde ich mutiger.

Abgesehen von Samuel hatte ich nichts zu verlieren –

und mit genau diesem »Verlust« konnte ich hervorragend leben.

Ich genoss das Spiel mit dem Feuer.

Nach Jahren auf Spielplätzen und in chlorgetränkten Schwimmbädern war ich endlich wieder dran.

Ich.

Ina.

Aber ich unterschätzte die Risiken.

Einmal traf ich mich mit einem Mann gleich hinter der Grenze. Zwei Dosen Prosecco im Gepäck, Cabrio, gute Laune.

Und als er ausstieg, dachte ich nur: *Oh. Weia.*

Das Profilbild war offenbar mindestens zwanzig Jahre alt.

Und die Gespräche? So spannend wie eingeschlafene Füsse.

Ich lächelte höflich, setzte mich mit ihm an den Rhein – bis mein inneres Gesicht fast einschlief.

Dann erfand ich die Toiletten-Notlüge. Und verschwand.

Zuhause kam die Nachricht:

»Ich stehe vor deinem Haus. Ich will dich ficken.«

Schock.

Er hatte mich verfolgt.

Ich schrieb nur: »Verpiss dich.«

Zum Glück tat er's.

Danach wurde ich vorsichtiger.

Verabredungen tagsüber, wenn es passte.

Mein Männergeschmack: gross, gutaussehend und bitte sprechfähig.

Und trotzdem … es lief nicht immer glatt.

Aber dann kam *er*.

Verlobt, aber attraktiv wie die Sünde.

Er hatte Fantasien.

Mit zwei Frauen.

Und weisst du was? Ich fand das gar nicht schlimm. Im Gegenteil.

Es wurde … aufregend.

Nach ein paar Treffen lud ich ihn zu mir ein.

Ich hatte sturmfrei.

Und ja – es knisterte.

Im Ehebett.

Ohne Reue.

Zwischen Ehe Nummer eins und Nummer zwei lag nicht viel.

Ein durchgeknallter Stalker, eine emotionale Wüste, ein bisschen Prosecco.

Und jetzt?

Fühlte ich mich frei.

Endlich.

Komplett.

Ich schrieb mit einer Lady.

Wir verabredeten uns – zu dritt – mit dem gutaussehenden Typen.
Ein paar Drinks vorm Pub.
Locker, flirty, knisternd.
Und dann: *Ping!*
Eine Nachricht von Samuel.
»Ich kann so nicht mehr weiterleben. Ich will die Scheidung.«
Ich schrie vor Freude.
JACKPOT!
Wir feierten. Und wie!
Zu dritt.
Vier Hände.
Ein paar andere Körperteile.
Und alles drehte sich um:
Mich.
Was soll ich sagen?
Das war mein neuer Anfang.
Ohne Rücksicht.
Ohne Kompromisse.
Einfach:
Ich.

KAPITEL 12

SCHEIDUNG MIT STIL – WENN ABSCHIED PLÖTZLICH FREIHEIT BEDEUTET

Samuel und ich waren uns überraschend schnell einig.

Ein gemeinsamer Anwalt, keine Rosenkriege, kein Drama – innerhalb von drei Monaten war der Drops gelutscht.

Der Richter schaute uns verwundert an.

»Sind Sie sicher, dass Sie sich wirklich scheiden lassen wollen?« fragte er, mit hochgezogener Augenbraue.

Wir waren locker, fast gut gelaunt – als wären wir bei einem Kaffeekränzchen und nicht im Scheidungssaal.

Aber es war gut so.

Klar, am Ende einer Beziehung hat man selten etwas Nettes über den anderen zu sagen. Zu viel war passiert. Zu viel Enttäuschung, zu viele leere Gespräche.

Aber trotzdem – irgendwann hat es ja mal gepasst.

Und ich war Samuel wirklich dankbar.

Er war mit uns in die Schweiz ausgewandert, hatte einen Jobwechsel in Kauf genommen, obwohl Veränderungen für ihn ungefähr so angenehm waren wie ein Zahnarztbesuch ohne Betäubung.

Das rechne ich ihm bis heute hoch an.

Nach der Trennung musste ich mir einen zusätzlichen Job suchen.

Von Samuel bekam ich Unterhalt, solange Luana noch klein war und ich nicht Vollzeit arbeiten konnte.

Das Haus gaben wir zurück – und ehrlich: Am meisten profitiert hat wohl der Verkäufer.

Aber egal. Haken dran. Kapitel zu.

Wir entschieden uns für eine alternierende Betreuung.

Eine Woche Luana bei mir, eine Woche bei ihrem Vater.

Sie war tagsüber in der KiTa – und das Modell funktionierte erstaunlich gut.

Für mich war es pure Freiheit.

Ich fand einen Job als Frühstücksfee in einem kleinen Hotel in der Nähe.

Und ja – ich mochte es!

Viele Gäste kamen aus Deutschland, aber auch internationale Gesichter waren dabei.

Ich wurde immer mehr eingearbeitet: Frühstück, Check-in, Check-out, Reservierungen ...

Ich war wieder in meinem Element. Reden, organisieren, funktionieren – alles auf einmal.

Samuel fand zuerst eine neue Wohnung und zog aus.

Ich erinnere mich genau an den Moment, als Luana das erste Mal zu ihm ging.

Marvin war auch nicht zu Hause.

Plötzlich: Stille.

Komplett.

Ich sass da – und heulte. So richtig.

Aber als ich merkte, dass es Luana bei ihm gut ging, ging es auch mir besser.

Kurz darauf fand auch ich *meine* neue Wohnung.

Eine Attika-Wohnung. Mit riesiger Dachterrasse.

So eine schöne Wohnung hatte ich noch nie.

Der einzige Haken? Sie war direkt gegenüber von Samuels neuer Bleibe.

War nicht so geplant – aber man kann im Leben halt nicht alles bestellen wie beim Lieferdienst.

Die Räumung des alten Hauses übernahm natürlich ich.

Zumindest aus Samuels Sicht.

Garage, Haus, mein Geschäft – alles durfte ich organisieren.

Viele Möbel warfen wir weg.

Marvin bekam ein neues Zimmer.

Samuel beteiligte sich immerhin an den Entsorgungskosten. *Applaus für den Einsatz.*

In dieser Zeit lief mein Alltag wie ein Uhrwerk im Dauerlauf:

Morgens um fünf aufstehen, ab ins Hotel, gegen Mittag zurück.

Kaum zu Hause, stand schon die erste Kundin vor der Tür.

Nägel machen, plaudern, lächeln. Danach packen.

Und das jeden Tag.

Ein echtes Mammutprogramm.

Das Haus wurde von Samuel frisch gestrichen, die Kabel entfernt.

Bei der Übergabe kam der Besitzer mit einer Frau – die vermutlich früher bei CSI Zürich gearbeitet hatte.

Sie zog weisse Handschuhe an und prüfte alle Oberflächen, als ginge es um eine Raumstation.

Die Küche war dreissig Jahre alt, dunkle Eiche – wirklich kein Designwunder.

Aber sie behandelte sie wie eine antike Ausstellungsfläche.

Ich dachte nur: *Ich bin im falschen Film.*

Ich regte mich auf – und ging.

Mir war das zu doof.

Diese Hütte hatte uns genug Geld und Nerven gekostet.

Ein Umzugsunternehmen lag finanziell nicht drin –

aber Carstens und Marvins Freunde?

Alles Maschinen.

Junge Kerle mit Kraft, guter Laune und Bock auf Anpacken.

Es wurde ein erstaunlich entspannter Umzugstag.

Und dann war es vollbracht.

Ich sass in meiner neuen Wohnung.

Mit den Kids. Allein – aber frei.

Carsten wohnte weiter in seiner WG.

Und ich?

Ich gönnte uns ein paar Tage Italien. Sonne, Gelato und einfach: *durchatmen.*

KAPITEL 13

VERBOTEN HEISS – DATING IM DOPPELPACK

Neue Wohnung, neues Leben – und plötzlich war ich frei.

So richtig frei.

Nicht nur so »Ich-schlaf-im-anderen-Zimmer«-frei. Sondern: *Ich-mach-was-ich-will-und-keiner-redet-mitrein*-frei.

Und wenn Luana bei ihrem Vater war?

Dann war ich nicht nur frei – ich war *on fire*.

Ich hatte Dates.

Viele Dates.

Manchmal zwei an einem Tag – Frühschoppen und Abendprogramm, sozusagen das Gourmet-Menü des modernen Singlelebens.

Mit manchen war von Anfang an klar:

Das hier wird körperlich. Punkt.

Kein Gespräch, kein Drama – einfach zwei Erwachsene, die sich das Leben kurz schön machen.

Mit anderen sass ich stundenlang in Bars, redete, lachte – oder langweilte mich zu Tode.

Denn ja, es gab sie auch ... die Langweiler in Reinform.

Einer erzählte mir beim ersten Treffen seine komplette Kranken-geschichte – inklusive Medikamentenplan und Allergien.

Ich sass da, nippte am Prosecco und dachte: *Exakt das, was eine Frau mit Herzklopfen NICHT hören will.*

Wenn's funkte, ging's ins Hotel.

Zuhause war keine Option – Marvin war oft da, und gewisse Begegnungen erfordern eben Diskretion.

Die Männer buchten ein Zimmer, brachten Prosecco mit – meine kleine Dating-Checkliste:

☑ Gross

☑ Gut aussehend

☑ Deutschsprachig
☑ Kein Pilzsammler
Schweizer Männer? Komplett überfordert mit mir.
Wandern, Jassen, Familienessen bei Mutti?
Nein, danke.
Ich wollte tanzen, reisen, flirten – und vor allem: leben.
Nach Jahren auf Sparflamme hatte ich endgültig den Turbo gezündet.
Ich trug wieder Kleider.
High Heels.
Verwandelte mich von der braven Nagel-Fee zur selbstbewussten Queen of Hearts.
Meine Kundinnen liebten es.
Manche kamen nur zur Maniküre, um meine Geschichten zu hören.
Sie nannten mich ihren »Dating-Podcast – live und unzensiert«.
Und ich?
Ich erzählte. Ohne Filter. Mit Glitzer.
Finanziell war's trotzdem knapp.
Also fragte ich im Hotel, ob ich zusätzlich als Zimmermädchen arbeiten könne.
Frühstück am Morgen, Betten am Mittag – mein ganz persönliches Double Feature.
Ich schleppte Laken, schrubbte Klos, füllte Minibars auf.
Hart, aber irgendwie mochte ich's.
Bis auf *eine* Sache …
Meine Kollegin – nennen wir sie die Trinkgeld-Tigerin – schnappte sich immer das ganze Trinkgeld, während ich noch mit dem Frühstück beschäftigt war.
Sie behauptete, die Gäste seien alle Monteure – »Die geben nix.«
Aha.
Als sie dann mal Urlaub hatte, fand ich plötzlich ordentlich Scheine in den Zimmern.
Na sowas!
Menschen gibt's …
Und dann war da noch die Chefin.
Ein Tyrann in Pumps.
Gab mir am liebsten Aufgaben, bei denen ich auf allen Vieren durch die Gänge robben musste.

Nicht bildlich. Wirklich.

Irgendwann dachte ich:

Weisst du was? Such dir ein neues Opfer.

Ich kündigte.

Ich wusste:

Das hier war nicht mein Endpunkt.

Nicht meine Bühne.

Nicht mein Takt.

Ich hatte Lust auf mehr.

Auf *mein Ding*.

Und ich war bereit, es zu finden.

KAPITEL 14

VOM TABLETT INS CHAOS –
UND TROTZDEM STILECHT ÜBERLEBT

Ich brauchte dringend einen neuen Job – einen, der sich mit Luanas Betreuungszeiten vereinbaren liess.

Fündig wurde ich in einem hübschen Restaurant. Gastronomie-Erfahrung hatte ich ja, aber ein richtiges Restaurant war dann doch eine ganz neue Liga.

Vor allem, wenn man die Tischnummern auf der Kasse regelmässig durcheinanderbringt und die Küche dadurch in den Wahnsinn treibt.

Aber hey – aller Anfang ist eben chaosgekrönt.

Seitdem habe ich einen riesigen Respekt vor allen Servicekräften dieser Welt.

Zur Mittagszeit war das Restaurant ein Schlachtfeld.

Meine reguläre Schicht ging von zehn bis fünfzehn Uhr – aber wenn's brannte, war Aufgeben keine Option. Da musste das Tablett bis zum bitteren Ende balanciert werden.

Dann kamen die Schulferien.

Luana war inzwischen neun, schlief morgens sowieso bis zehn oder elf.

Wir hatten abgesprochen, dass ich ein paar Stunden arbeiten musste – sie meinte: »*Passt schon, Mama.*«

Klang vernünftig, oder?

Tja ... bis sie Samuel anrief.

Panik. Tränen. Drama vom Feinsten.

Samuel war natürlich sofort auf 180.

Dabei war bei der Scheidung klar: Ich *muss* arbeiten.

Ich hatte keine Oma ums Eck und keinen Zauberstab.

Aber statt mich zu unterstützen, warf er mir lieber Steine in den Weg – mit Schwung und voller Überzeugung.

Im Restaurant lief es eigentlich super.

Nette Kolleginnen, coole Gäste – mit *einer* Ausnahme:

Die blöde Dose aus dem Personalbüro.

Mein Motto war ja immer: *Egal wohin du gehst – irgendwo wartet ein Arschloch.*

In diesem Fall SIE.

Sie starrte mich an, als hätte ich ihr Dessert geklaut – und zwar *täglich*.

Ich war als ungelernte Kraft eingestellt, bekam weniger Lohn – aber dafür umso mehr Freude an der Arbeit.

Die hätte sie mir gern verdorben, aber ich liess mir meine gute Laune nicht versauern. Nicht von ihr.

Nach ein paar Monaten wollte ich mit Luana in den Urlaub.

Türkei – erschwinglich, sicher, Sonne garantiert.

Mutter-Tochter-Trip, Marvin war nicht da. Perfekter Plan.

Bis ich Samuel informierte.

»Aber nicht in die Türkei!«

»Doch«, sagte ich.

Und was macht man(n), wenn man keine Argumente hat?

Genau – man schreibt der KESB.

Thema: Kindeswohlgefährdung.

Ich bekam eine Vorladung.

Zwei Wochen später sass ich dort, Samuel mit einem Stapel Papier neben mir – inklusive ausgedruckter Chatverläufe.

Ein echter Auftritt.

Aber durchschaubar wie Klarsichtfolie.

Es ging ihm nur darum, mir den Urlaub zu vermiesen und argumentierte mit dem längst vergangenen Thema dass ich Luana während der Ferien mal allein liess.

Die Fachstelle blieb ruhig und erkannte das Spiel sofort.

Ende vom Lied:

Unser Urlaub fand wie geplant statt.

Und Samuel?

Der lebte inzwischen mit einer neuen Frau – und zwei kleinen Kindern zusammen.

Sie war sowieso zu Hause – und so kam ihm die geniale Idee, das alleinige Sorgerecht zu beantragen.

Warum? Natürlich, um den Unterhalt zu sparen.

Aber Luana hatte ihre eigene Meinung:

»Ich hab Mama doch auch lieb.«

Touché.

Dann kam der Mini-Streetparade-Tag.

Ich liebe elektronische Musik.

Mit den Jungs losgezogen, gut vorgeglüht, weitergefeiert –
nur das Essen hatte ich, sagen wir, *leicht* vernachlässigt.

Auf dem Heimweg stolperte ich über eine Treppe und knallte hin.

Am nächsten Tag stand ich trotzdem tapfer im Restaurant.

Der Fuss schmerzte – aber ich biss die Zähne zusammen.

Erst beim zweiten Arztbesuch, mit Röntgen:

Mittelfussknochen gebrochen.

Bravo, Ina.

Wochenlang arbeitsunfähig.

Und als ich wiederkam?

Kündigung.

Danke für nichts.

Niemand wollte mehr meinen Lohn zahlen.

Der alte Arbeitgeber schob's der Unfallversicherung zu, die wiederum auf irgendwas anderes.

Ich hing monatelang zwischen allen Stühlen.

Und die Dose nervte weiter.

Zum Glück hatte ich eine Rechtsschutzversicherung – und eine Anwältin, die wohl die Praktikantin war.

Der Unterhalt von Samuel und mein Studio retteten mich – sonst hätte ich nicht mal mehr die Miete zahlen können.

Mahnungen, schlaflose Nächte – es war eine düstere Zeit.

Aber wie immer:

Ich blieb nicht liegen.

KAPITEL 15

SCROLLEN, STAUNEN, SCHICKSALHAFT –
FACEBOOK UND EIN ZETTEL ANS UNIVERSUM

Eines schönen Tages – ich scrollte gerade gemütlich durch Facebook und Co. – blieb mein Blick plötzlich an einem Profilfoto hängen.

Und ich traute meinen Augen kaum:

Sabrina!

Meine Klassenkameradin aus wilden, lauten, unvergesslichen Schultagen.

Wir hatten damals so viel zusammen gelacht, uns gegenseitig durchs Leben geschoben –

und jetzt ploppte sie einfach wieder auf meinem Bildschirm auf.

Digitaler Wiedersehenszauber.

Ich klickte auf ihr Profil –

und war direkt in ihrem neuen Leben gelandet.

Sie war inzwischen mit einem Italiener verheiratet, Antonio.

Sie hatten drei Kinder – zwei Mädels, einen Jungen –

und gemeinsam führten sie ein spanisches Restaurant.

Obendrauf hatte sich Sabrina auch noch einen kleinen Friseursalon im eigenen Haus eingerichtet.

Multitasking auf südländisch.

Es war einfach herrlich, dass wir uns wiedergefunden hatten.

Als hätte das Universum mal kurz den Rückspulknopf gedrückt.

Und als wäre das noch nicht schräg genug, tauchte auch noch ein weiterer Name auf:

Jan.

Ein alter Kumpel aus meinen Sturm-und-Drang-Zeiten in Kassel.

Er war damals ein gemeinsamer Freund von meinem ersten Mann und mir gewesen.

Verrückt, wie das Leben manchmal Kreise zieht – und sich plötzlich alte Namen wie Sterne in einer Galaxie neu anordnen.

Doch der grösste Knall kam noch.

Ich bekam eine Nachricht.

Von einer gewissen **Nina.**

»Hallo Ina, bist du nicht meine Halbschwester?«

Ich starrte auf den Bildschirm.

»Waaas?!«

Wir hatten noch nie Kontakt gehabt.

Jede Seite dachte, die andere wolle nichts mit ihr zu tun haben –

und jetzt stellte sich raus: Das war nie so gemeint gewesen.

Nur ein ewiges Missverständnis.

Wir tauschten alte Fotos aus –

von meinem Vater, von der Familie, von früher.

Und dann kam auch noch **Tamara** ins Spiel – Ninas Schwester.

Wir gründeten einen Schwestern-Chat.

Ab da hielten wir immer mal wieder Kontakt.

Nicht täglich, nicht dramatisch – aber da war plötzlich eine Verbindung.

Still, zart und doch irgendwie kraftvoll.

Während all das passierte, merkte ich:

Meine Dating-Abenteuer begannen mich zu langweilen.

Zwei Jahre lang war es aufregend gewesen.

Prickelnd, wild, frei.

Aber jetzt?

Reichte es.

Ich blieb lieber zu Hause.

In meiner gemütlichen Wohnung, mit einem Glas Prosecco –

und meiner Ruhe.

Ich hatte wieder Lust auf etwas Festes.

Nicht gleich eine neue Ehe – aber Herz, Wärme, Verlässlichkeit.

Eine Kundin sagte einmal zu mir:

»Bestell dir deinen Traummann beim Universum. Aber vergiss ja nichts!

Du musst alles ganz genau aufschreiben – Aussehen, Zähne, Charakter, alles.«

Ich lachte. Erst.

Aber dann dachte ich:

Warum eigentlich nicht?

Ich nahm mir einen Zettel.

Und schrieb.

Aussehen. Eigenschaften. Werte. Alles, was mir wichtig war.

Dann legte ich den Zettel in den Schreibtisch.

Und – wie es bei Universumsbestellungen wohl sein soll –

vergass ihn.

Ich hatte ja keine Eile.

Beim Einzug in meine neue Wohnung hatte ich zu den Kids gesagt:

»Hier zieht nie wieder ein Mann ein.«

Und das meinte ich auch so.

Damals.

Hin und wieder traf ich mich noch mit jemandem.

Ich blieb auch noch auf den Plattformen angemeldet.

Aber ehrlich?

Das Kapitel war durch.

KAPITEL 16

CIAO AMORE – WIE ICH MR RIGHT FAND
(UND ER SICH SELBST)

Hin und wieder warf ich doch noch einen Blick in die Dating-Apps.

Ein bisschen neugierig war ich ja immer.

Und dann kam dieses eine Match:

Ivo.

Ein Italiener. Und was für einer.

Charismatisch. Charmant. Höflich.

Ganz anders als die anderen.

Irgendwie ... magisch.

Er arbeitete als Geschäftsführer in einem Autohaus. Wir schrieben – und es war von Anfang an anders.

Leichter. Witziger. Ehrlicher.

Und dann – der Satz, den keine Frau lesen will:

»*Ich muss dir etwas sagen ...*«

Na wunderbar.

Ich schrieb trocken:

»*Ja, ist klar. Du bist verheiratet und hast fünf Kinder.*«

Er lachte.

»Nein, keine Kinder. Aber ja – ich bin verheiratet.«

Ich:

»*Sorry. Auf so'n Mist hab ich keinen Bock. Schluss jetzt.*«

Funkstille.

Ein paar Wochen vergingen. Und irgendwann dachte ich:

Ach komm ... ein Drink ist doch kein Eheversprechen.

Ich schrieb ihm.

Er war total erfreut.

Wir verabredeten uns. Aber vorher – ein Telefonat.

Ich bin nämlich extrem empfindlich bei Stimmen.

Wenn da was quietscht, piepst oder knarzt, bin ich raus.

Ich rechnete mit einem charmanten »*Ciao bella, come stai?*«

Was kam?

Tiefstes Schwyzerdütsch.

Ich musste lachen. Klang gut – war nur völlig anders als erwartet.

Wir trafen uns.

Ich hatte mir fest vorgenommen:

Nicht verlieben.

Nur ein schöner Abend. Punkt.

Er holte mich ab, stand vor dem Auto – und dieser Blick ...

Ihm gefiel, was er sah.

Ein echter Gentleman. Tür auf, los ging's.

Wir fuhren in eine coole Bar in Basel.

Es war leicht. Locker. Lustig.

Wir redeten, lachten – und dann küssten wir uns.

Und wow. Der Mann konnte küssen.

Ich dachte nur:

Ina, bitte nicht verlieben ...

Er fuhr mich nach Hause. Noch ein Kuss im Auto.

Ich griff ihm in die Haare und dachte:

Moment ... was ist das denn? Extensions?!

Irgendwas fühlte sich komisch an – aber ich sagte nichts.

Wir schrieben bis spät in die Nacht.

Es war ein zauberhafter Abend. Einer, der nach Wiederholung schrie.

Ich fragte ihn, ob ich zu bestimmten Zeiten schreiben sollte – wegen seiner Frau.

Aber er meinte nur:

»*Du kannst mir immer schreiben.*«

Wenige Tage später:

Wiedersehen auf dem Weihnachtsmarkt. Glühwein, Lichter, Herzklopfen.

Ich sagte ihm ganz ehrlich:

»*Wenn Mr Right auftaucht, trennen wir unseren Kontakt wieder.*«

Und er?

»*Nein, das möchte ich nicht.*«

Ich:

»*Häää? Du bist verheiratet! Natürlich darf ich den Mann fürs Leben suchen!*«

Er erzählte, dass er sehr unglücklich sei.

Klassiker, dachte ich – aber irgendwas in seiner Stimme war anders.

Er wollte es mir beweisen.

Er war seit zweiunddreissig Jahren mit seiner Frau zusammen.

Ich sagte ihm, das sei mir zu viel Ballast.

Ich langweile mich schnell – was, wenn er alles aufgibt und ich dann merke: passt doch nicht?

Aber er blieb.

Immer wieder.

Wir trafen uns, spazierten, redeten.

Und jedes Mal war da diese Vertrautheit.

Diese Magie.

Einmal standen wir vor einem Hotel. Ich grinste frech:

»Gehen wir ficken?«

Nur so, um ihn zu schocken.

Seine Antwort?

»Ja.«

Da war ich diejenige, die geschockt war.

Es war ein Schritt.

Ein Risiko.

Was, wenn die Magie aufhört, wenn das erwünschte nicht eintritt?

Ich sag's mal so:

Eine glatte **Zehn von Zehn.**

Erst viel später erzählte er mir, was das mit ihm gemacht hatte.

Er dachte jahrelang, er sei impotent.

Mit seiner Frau war Sex nur noch ein Krampf – nichts ging mehr.

Und dann kam ich.

Ich.

Und alles funktionierte wieder.

Für ihn war das ein Wunder.

Für mich ein Beweis.

Kurz darauf fragte er mich, ob ich mit ihm nach Dubai fliegen wolle.

Er würde mich einladen.

Seiner Frau erzählte er etwas von einem »Wettbewerb«, den er gewonnen hätte.

Ich sag nur:

Leben schreibt die besten Plots.

KAPITEL 17

DUBAI, HAARTEIL UND HERZENSHITZE – EINE REISE MIT ALLEM, WAS ZÄHLT

Wir wollten wissen, wie es wirklich läuft – wenn man nicht nur ein paar Stunden Glühwein und Heimfahrt miteinander teilt, sondern *alles*.

Zeit. Nähe. Alltag deluxe.

Nicht nur Magie im Kerzenlicht, sondern Magie mit Morgenatem.

Dubai sollte unser Testlauf sein.

Okay, zugegeben – Dubai ist jetzt nicht gerade die Messlatte für Alltag.

Aber trotzdem: Mit jemandem einschlafen und gemeinsam aufwachen – das ist eine ganz andere Nummer.

Eine ehrlichere.

Bevor es losging, verbrachten wir noch eine Nacht in Luzern – in einem traumhaft schönen Hotel, so richtig mit *Wow-Effekt*.

Ein Ort, der fast schon zu romantisch war, um nüchtern zu bleiben.

Ivo hatte noch einen Friseurtermin.

Dann plötzlich dieser Satz:

»Ich muss dir noch etwas sagen ...«

Ich so: *Nicht schon wieder.*

Und dann kam's:

Seine Haare.

Nicht echt.

Ein Haarteil.

Ich musste lachen.

Na klar! Das war also dieses seltsame Gefühl beim ersten Kuss im Auto!

Er schickte mir ein Foto – direkt vom Friseur.

Ohne Haarteil.

Nur der klassische Haarkranz blieb übrig.

Nicht gerade Hollywood – aber hey, auch nicht das Schlimmste.

Er grinste und meinte:
»Wenn alles weg wäre, wär's besser.«
Ich fand das ehrlich. Und irgendwie ... süss.
Aber jetzt ging's erstmal los –
Dubai, wir kommen!
Ivo hatte uns ein nigelnagelneues Partyhotel auf der Palme gebucht.
Ich kam aus dem Staunen nicht mehr raus.
Alles glänzte. Alles vibrierte.
Am Pool legte ein DJ auf, überall klirrten Cocktailgläser, Menschen tanz-
ten, lachten, sprangen ins Wasser.
Es war wie in einem Film – nur dass ich mittendrin war.
Und das Beste:
Zum ersten Mal in meinem Leben war da ein Mann an meiner Seite,
der das **Gleiche** liebte wie ich.
Party. Lebensfreude.
Dieses Gefühl von *Jetzt oder nie.*
Einer, der nicht müde wurde, wenn ich gerade erst aufblühte.
Wir erzählten uns unsere Geschichten.
Er seine. Ich meine.
Ohne Filter. Ohne Spielchen.
Und irgendwann war da dieses Gefühl –
nicht nur Kribbeln, sondern Tiefe.
Vertrautheit.
Ein Band, das sich leise zwischen uns spannte.
Eine Seelenverwandtschaft.
Oder etwas, das man einfach nicht erklären muss,
weil es sich so verdammt richtig anfühlt.
Wir sprachen nicht darüber, was zu Hause auf uns wartete.
Keine Pläne, kein Grübeln, keine Erwartungen.
Nur wir zwei.
In dieser schillernden Zwischenwelt.
Es war Januar.
Kurz vor meinem zweiundfünfzigsten Geburtstag.
Und ich dachte:
Vielleicht beginnt jetzt gerade ein ganz neuer Abschnitt.
Ganz leise. Ganz gross.

KAPITEL 18

KOFFER GEPACKT, HERZ GEÖFFNET –
DER NEUANFANG MIT IVO

Zurück in der Schweiz fuhr Ivo erst einmal ... nach Hause.

Zu seiner Frau.

Aber schon unterwegs schrieb er mir:

»Sie hat mich angerufen. Ich hab ihr gesagt: Wir müssen reden – ich ziehe aus.«

Ich starrte auf mein Handy.

Waaas?! OMG!

Ich war völlig durch den Wind.

Ein Mann, der Nägel mit Köpfen macht.

Ein Mann mit Eiern. Halleluja!

Er hatte mir viel über sie erzählt:

Zwei Jahre jünger als ich, keine Kinder, Fitnessqueen, seit zwanzig Jahren ohne Job.

Ihr Standardsatz: *»Mein Mann verdient genug.«*

Anfangs tat sie mir fast leid.

Verlassen werden ist kein Zuckerschlecken.

Aber Ivo war fest entschlossen, nicht weiter in diesem Parallelleben zu verharren.

Er hatte sich mit Bild auf einer Single-Plattform angemeldet – ganz bewusst.

Es war ihm sogar egal, ob sie es sieht.

»Soll das so weitergehen, bis ich in die Kiste hüpfe?«

Nein. Schluss mit Lethargie.

Neues Leben. Jetzt.

Dann kam mein Geburtstag.

Ivo schrieb:

»Ich will dich sehen. Nur zehn Minuten.«

Was der Mann für Strecken auf sich nahm – Wahnsinn.

Ich war zu Hause, mit einer Freundin und den Kids.

Ich sagte:

»Ivo kommt noch vorbei.«

Und weil ich das Geburtstagskind war, gab's keine Nörgeleien.

Er dachte, ich komme nur kurz runter.

Aber ich sagte:

»Komm ruhig hoch.«

Und da stand er dann – in meiner Küche.

Die Kinder glotzten um die Ecke wie Orgelpfeifen.

Und – es passte.

Es passte alles.

Er fragte, ob er mich für eine Stunde entführen dürfe.

Die Kids nickten.

Wir gingen in eine süsse kleine Cocktailbar um die Ecke – ich war vorher nie dort gewesen.

Es wurde ein richtig schöner Geburtstag.

Ivo machte sich direkt auf Wohnungssuche.

Bei mir war kein Platz.

Mal wieder wohnten **alle drei** Kinder bei mir.

Carsten war nach einem Drogenentzug wieder eingezogen, wohnungslos.

Luana schlief regelmässig bei mir im Bett.

Marvin sowieso mittendrin.

Ivo fand eine wunderschöne Attikawohnung in der Nähe.

Unsere Dachterrassen lagen sich quasi gegenüber – wir konnten uns zuwinken.

Im Möbelmarkt suchten wir nur sofort verfügbare Möbel aus – keine langen Lieferzeiten.

Carsten und Marvin halfen mit beim Schleppen.

Und zack – war er da.

Ganz nah bei mir.

Wenn Luana bei ihrem Vater war, schlief ich bei Ivo.

Wenn sie bei mir war, schlief ich daheim.

Aber Ivo kam trotzdem fast jeden Abend rüber – und ging später zurück.

Donnerstags war unser fester Mädelsabend. Da wusste er: erst später reinschneien.

Ich hatte noch nie so geniale Küchenpartys wie mit ihm.

Wir brauchten nichts – nur Musik, ein bisschen was zu trinken und: **uns.**

Damals fuhr ich ein altes Cabrio.

Reparaturkosten ohne Ende – also weg damit.

Er fragte mich:

»Was wäre denn dein Traumauto?«

Ich sagte:

»Ganz klar – ein schwarzes Cabrio mit Stern. Schon immer.«

Ein paar Wochen später rief er mich an:

»Komm zu mir in die Firma.«

In der Werkstatt stand ein abgedecktes Auto.

Auf der Motorhaube: ein Blumenstrauss.

»Deck es ab«, sagte er.

Und da stand es.

Mein absolutes Traumauto.

So schön – ich traute mich kaum, es zu fahren.

Ein Geschenk. Einfach so.

Ich konnte es nicht fassen.

Ivo und seine Frau lebten in einer Eigentumswohnung.

Er bot ihr an, alles zu behalten, wenn sie sich scheiden lasse.

Sie lehnte ab.

Sie war sich sicher, dass er zurückkommen würde.

Sie hatte ihm sogar seine Koffer gepackt – als wäre das ein Wochenendtrip.

Er schlug ihr einen Mediator vor – faire Lösung, wie Erwachsene.

Aber nichts passierte.

Sie blockierte alles.

Tat, als wäre nie etwas geschehen.

Ich dachte:

Wow. Und ich dachte, meine Scheidung war schon anstrengend.

Mein Motto war immer:

»Leben und leben lassen.«

Wenn's nicht mehr passt, dann geht man eben.

Natürlich nicht beim ersten Streit –

aber wenn das Drama zur Dauerwohnung wird?

Warum klammern, wenn längst nichts mehr da ist?

Ich fragte Ivo, wie lange das schon so ging.

Er sagte:

»*Ich hab's oft angekündigt. Ich war sogar schon mal ausgezogen.*«
Aber es gab keine Gespräche mehr.
Nur noch Schweigen.
Kam mir bekannt vor.
Sie hatte früher mal bei einem Telefonsex-Anbieter gearbeitet –
was Ivo nie wollte.
Was sie den Männern da wohl erzählt hat?
Dirty Talk auf Schwyzerdütsch?
Ich musste lachen. **Sehr geil.**
Ivos Mutter war alles andere als begeistert.
Sie keifte, er solle zu seiner Frau zurück.
Klassisch italienisch.
Mamma mia.
Zum Glück hatte ich kein Mutti-Exemplar, das mit am Tisch sass.
Ich hatte keine Ahnung, was sie in dieser Schwiegertochter gesehen hatte –
es war jedenfalls für niemanden ausser ihr sichtbar.
Der Vater war schon lange verstorben.
Seinen Bruder sah ich nach zwei Jahren.
Seine Mutter – erst nach **drei.**
Und die Ex?
Die ging plötzlich für seine Mutter einkaufen.
Sie gingen gemeinsam essen.
Das gab's während der Ehe **nie.**
So eine erbärmliche Anuskriecherei!

KAPITEL 19

UNIVERSUM, UNTERWEGSSEIN & UN-ERWARTETE RÜCKRUFE – MEIN LEBEN IM REISEMODUS

Wir liessen uns die Laune nicht verderben –
im Gegenteil: Wir drehten richtig auf.
Erster Stopp: Besuch bei meiner Mutter.
Und was soll ich sagen?
Sie **liebte** Ivo ab Sekunde eins.
Beim ersten Treffen zeigte sie ihm direkt, wo ihr Testament liegt.
Na dann – herzlich willkommen in der Familie.
Natürlich machten wir auch einen Abstecher zu Sabrina und Antonio.
Die zwei Italiener verstanden sich auf Anhieb, Sabrina und ich sowieso –
wie eh und je.
Wir waren ständig unterwegs.
Dreizehn Flüge in einem Jahr.
Manchmal nur fürs Wochenende – Hauptsache raus.
Mallorca, Ibiza, Türkei, Gran Canaria, Teneriffa, eine Kreuzfahrt ...
und sogar nochmal Dubai.
Es war grandios.
Wir lernten fantastische Menschen kennen.
Einmal flogen wir mitten in der Pandemie nach Italien.
In Basel liessen wir uns testen – offizielles Dokument und alles.
Interessierte beim Abflug niemanden.
Beim Rückflug dagegen: **Drama.**
Alle Ärzte in Italien überlastet – kein Testtermin vor Abflug.
Wir dachten:
Wenn die Schweiz es locker sieht, dann doch Italien erst recht.
Falsch gedacht.

Wir standen vorm Gate, die Dame am Schalter rief:
»Den Test bitte.«
Ivo tat so, als würde er ihn suchen – wir hofften auf Kulanz.
Keine Chance.
Wir durften **nicht** mitfliegen.
Also verliessen wir – zum ersten Mal – den Flughafen in die *andere* Richtung.
Wir mieteten ein Auto, das Italien nicht verlassen durfte.
Und wurden ... **nachts über die Grenze geschmuggelt.**
Ein Freund aus der Schweiz brachte uns zurück.
Am nächsten Tag: Arbeiten.
Ivo kam mittags ins Büro – *halbtags frei genommen.*
Heute lachen wir darüber.
Damals? Nicht so sehr.
Wir gingen auf Konzerte – **Paul Kalkbrenner, Energy Air, Energy Star Night.**
Immer VIP. Immer mittendrin.
Es war eine der tollsten Zeiten meines Lebens.
Und ich wusste:
Meine Bestellung beim Universum war angekommen.
Mit der Liebe kam auch Veränderung.
Früher war ich eine Krawallbürste.
Ich musste mich mein Leben lang verteidigen.
Aber Ivo ...
so unfassbar liebevoll.
Nie belehrend. Nie bestimmend.
Er hat mich verändert – ganz sanft.
Ich hab so viel von ihm gelernt.
Ohne Druck. Ohne Erwartungen.
Früher hätte ich nie gedacht:
»Ich will mal einen lieben Mann.«
Aber er war genau richtig.
Kein Ja-Sager, keine Blenderfigur – einfach **echt.**
Als ich ihm von meinen Halbschwestern erzählte, sagte er sofort:
»Die müssen wir kennenlernen.«
Flug nach Hamburg.
Natürlich vorher noch ein feuchtfröhliches Abschiedsritual in unserer Lieblingsbar.

Wir waren ja immerhin **drei Tage** weg.

Wir verpassten den Flug.

Mir war das noch **nie** passiert.

Zum Glück ging nachmittags noch einer.

Das Treffen mit den Schwestern war schön –

aber ehrlich gesagt:

Die Dynamik flaute schnell ab.

Tamara war einfach ... anstrengend.

Als wir sie mal zu einem Konzert einluden, erzählte sie den ganzen Abend von der Drogensucht ihres Sohnes.

Ich dachte nur:

»Muss man das ausgerechnet heute Abend breittreten?«

Nach dem Konzert: sofort abgereist.

Wir hatten uns das anders vorgestellt.

Irgendwann hatte ich das Gefühl:

Sie glauben, sie tun **uns** einen Gefallen mit ihrer Anwesenheit.

Später war Tamara ständig in der Opferrolle.

Immer war irgendwas.

Und wem erzählte sie das alles?

Mir.

Mir – der das Glück ja immer so leicht zufliegt ...

An einem Sonntag klingelte mein Geschäftstelefon.

Ich nahm ab – und hörte nur:

»Ina? ...« – dann Schluchzen.

Es war **Christel**.

Die Christel, die mich damals bei Samuel angeschwärzt hatte – weil ich angeblich auf dem Schoss meines Ex sass.

Jetzt sagte sie:

Es tue ihr leid.

Sie hätte mich so lange gesucht.

Ich dachte:

»Schwamm drüber.«

Wir telefonierten lange.

Hatten viel nachzuholen.

Sie erzählte, dass sie inzwischen im horizontalen Gewerbe in NRW arbeitete.

Ich erzählte, was bei mir los war.

Wir hörten uns wieder – regelmässig.

Heute?

Würde ich das nicht mehr tun.

Man hat aus einem oder mehreren Gründen eine Freundschaft beendet.

Das hatte damals seinen Sinn.

Und die Erfahrung zeigt: Es wird selten besser –

nur **anders**.

KAPITEL 20

FETT, FLAMME, FOODTRUCK-FIEBER

Ich hatte unzählige Bewerbungen rausgehauen.

Mal durfte ich zum Probearbeiten, mal nicht – und wenn doch, dann war ich am Ende entweder »nicht die Richtige« oder das Gehalt war so lächerlich, dass ich dachte:

Womit genau soll ich da eigentlich überleben – mit Luft und Pommesdampf?

Eines Tages erzählte ich Ivo von einem Foodtruck, vor dem ich sage und schreibe **dreissig Minuten** für eine Currywurst angestanden hatte – nur um dann eine enttäuschende Wurst mit trauriger Sosse zu bekommen.

Ivo, ganz trocken:

»Weisst du was? Das machen wir besser. Aber bitte mit Stil – irgendwas Süsses. Niedlich. Auffällig.«

Und zack – **die Idee war geboren.**

Ein Piaggio Ape musste her!

Dieses charmante italienische Dreirad – klein, frech, einfach zum Verlieben.

Gesagt, getan.

Typisch Ivo: kein grosses Gerede, einfach machen!

Wir wurden in Deutschland fündig, importierten das gute Stück, verzollten es, liessen es folieren, verpassten ihm unser Logo – und rüsteten es mit allem aus, was das Würstchenherz begehrt.

Ich hatte allerdings geglaubt, das Ganze würde etwas unkomplizierter laufen ...

Fehlanzeige.

Gute Standplätze?

Muss man sich bewerben. Wartelisten. Beziehungspflege. Kleingedrucktes.

Willkommen in der Gastro-Welt mit Amtsschimmel-Deko.

Zum Glück hatten wir echte Freunde:

Unsere Lieblingsgastronomen aus der Stammbar gaben uns ihr **legendäres Currywurst-Saucenrezept.**

Göttlich!

Und dann ging's los.

Langsam zwar – aber immerhin.

Wir hatten ein Top-Produkt, keine Beschwerden und durften jede Woche neue, tolle Menschen kennenlernen.

Nach und nach trudelten die **Catering-Anfragen** ein:

Märkte, Streetparade, Geburtstage, Stadtfeste, Firmen-Events.

Wir waren **überall.**

Mit der Zeit wusste ich genau, welche Events sich lohnten – und bei welchen man sich den Aufwand sparen konnte.

Wir investierten nochmal richtig in Klapptheken, optimierten unser Setup – und dann lief's **wie geschmiert.**

Mittagsgeschäft? Meins.

Aber: **anstrengend ohne Ende.**

Aufbauen, Fritteuse einhängen, Öl rein, vorbereiten, zwei Stunden brutzeln, abbauen, Öl ablassen, reinigen, einräumen.

Und Repeat.

Bei über 38 Grad stand ich da wie eine Bratkünstlerin im Schmelzmodus.

Und im Winter? Eiseskälte.

Ich stand ja **nicht** im Truck – sondern **davor.**

Nebenbei lief mein **Beauty-Studio** weiter.

Ivo und ich investierten in ein neues Gerät – das **Mercedes-Modell** unter den Beauty-Tools.

Mein altes verkaufte ich noch gut.

Ivo war mein **Fels.**

Tagsüber leitete er einen mittelständischen Betrieb, abends stand er neben mir am Truck und verkaufte Würste.

Keine Allüren. Kein Genöle. Einfach ein Typ zum Gernhaben.

Und dann – Überraschung vom Feinsten:

Ich bekam mein **erstes nagelneues Auto.**

Bis dahin war ich nur Gebrauchtwagen gefahren.

Ivo wollte, dass ich mal was **Richtiges** unterm Hintern hab.

Ich war hin und weg.

Eines Tages beim Arbeiten traf ich Martin – unseren Pfarrer.

Ganz locker meinte er:

»*Sag mal, willst du nicht mit deinem Truck mal bei uns vor der Kirche stehen?*«

Klar wollte ich!

Bei einem anderen Event sprach uns ein charmantes Pärchen an:

»*Habt ihr Lust auf die Adväntsgass im Glaibasel?*«

Unser absolutes Lieblings-Event!

Ein zauberhafter Weihnachtsmarkt auf der Kleinbasler Seite.

Vier Wochen Dauerstress – auch an den Wochenenden – aber voller Magie und Begegnungen.

Wenn du mal in Basel bist: **Unbedingt hin!**

KAPITEL 21

LETZTER BESUCH – LETZTER WILLE

Meine Mutter litt unter anderem an Rheuma und Asthma. Es war ein ständiges Auf und Ab.

Wenn es ihr gut ging, besuchte sie uns gern in der Schweiz. Und wir machten uns natürlich auch regelmässig auf den Weg zu ihr.

Ivo reparierte Kleinigkeiten an ihrem Reihenhäuschen, wir gingen gemeinsam zu Sabrina und Antonio essen – wie kleine Rituale, die uns alle verbanden.

Bei einem Besuch luden wir meinen Bruder Sven ein, der Ivo endlich kennenlernen wollte. Dabei fiel mir auf: Auch Sven hatte deutliche Probleme mit den Augen – ganz ähnlich wie Marvin. Er wirkte nicht gesund.

Unsere Familie war in vielerlei Hinsicht ein Flickenteppich.

Meine Mutter hatte dann die süsse Idee, ihre Freundinnen zu sich einzuladen – für eine private Currywurst- und Burgerverkostung made by me.

Also packte ich alles gut gekühlt ein, und wir machten einen richtig netten Nachmittag draus.

Aber bei jedem weiteren Besuch war klar:

Sie baute ab.

Es folgten häufigere Krankenhausaufenthalte – bis sie endlich zu einer Kur durfte, die ihr sichtlich guttat.

Eine Freundin von mir, die bei einem Kasseler Pflegedienst arbeitete, schaute regelmässig nach ihr und hielt mich auf dem Laufenden.

Eines Tages rief sie an:

»*Es geht ihr zunehmend schlechter.*«

Sie hatte auch meinen Bruder Tim informiert.

Seine Antwort?

»*Ich habe selbst einen Pflegefall zu Hause.*«

Ursula, seine Frau, war wohl auch nicht besonders fit.

Aber trotzdem. Es tat weh.

Als meine Mutter erneut im Krankenhaus lag, rief Tim bei ihr an – und erwähnte ganz nebenbei, dass **Ursula im selben Krankenhaus** lag.

Meine Mutter lächelte noch, als sie mir das erzählte.

Ich fragte entsetzt:

»Und er hat dich nicht besucht?«

– »Nein, er hat doch selbst so viel zu tun …«

Marvin war bei diesem Besuch dabei, hörte alles –

und schickte Tim im Anschluss eine sehr deutliche Sprachnachricht:

Was für ein Lappen er sei, nicht mal seine eigene Mutter zu besuchen, wenn sie **im selben Haus** liegt.

Auf der Rückfahrt kam eine Nachricht von meiner Mutter an Marvin:

»Tim ist nach deiner Nachricht zusammengebrochen – erwarte eine Entschuldigung.«

Kam nicht. Und Marvin blieb standhaft.

Tim hatte dann nichts Besseres zu tun, als sich bei unserer kranken Mutter **über Marvin** zu beschweren.

Da fehlen selbst mir die Worte.

Immerhin: Tim und Ursula besuchten sie dann doch noch.

Ziel erreicht.

Meine Mutter hatte mir oft gesagt:

»Sag deinen Brüdern nichts über meinen Zustand – ich will keinen Besuch.«

Und daran hielt ich mich.

Später informierte Tim dann **doch** noch Sven.

Der rief mich umgehend an – um sich zu **beschweren**, ich hätte ihm nichts gesagt.

Jetzt wusste er es – geändert hatte sich dadurch nichts.

Er war der Einzige, der nicht arbeitete – und trotzdem fand er keine Zeit, sie zu besuchen.

Zurück in der Schweiz machte sich **Carsten** auf den Weg zu seiner Oma.

Die beiden hatten eine enge Verbindung.

Er blieb bis Donnerstag und fuhr mittags zurück.

Ich telefonierte nach seiner Abfahrt noch mit ihr.

Im Hintergrund: grosse Hektik.

Sie meinte nur:

»Ich melde mich später oder morgen.«

Zwischen neun und zehn Uhr abends läutete mein Handy.

»Mutti ruft an«, stand auf dem Display.

Ich ging ran – aber sofort war da ein ungutes Gefühl.

Ein Arzt meldete sich.

Er überprüfte, ob ich ihre Tochter sei –

und sagte dann, dass er über **ihr Handy** anrufe, weil das Krankenhaus keine Auslandsgespräche führen konnte.

Dann sprach er die Worte, die mir den Boden unter den Füssen wegrissen:

»Ihre Mutter ist soeben völlig überraschend, aber friedlich eingeschlafen – im Beisein von mir und zwei Krankenschwestern.«

Ivo schrie sofort auf: *»Nein!«*

Ich brach innerlich zusammen.

Ich weinte die halbe Nacht.

Ich bat den Arzt, meine Mutter bis zum Wochenende im Krankenhaus zu lassen –

was glücklicherweise möglich war.

Eigentlich wollten wir zu dieser Zeit in die Türkei fliegen.

Stattdessen planten wir nun ihre Verabschiedung.

Wir fanden einen **sensationellen Bestatter** – empathisch, herzlich, hilfsbereit.

Er empfing uns sogar am Sonntagabend.

Meine Mutter hatte **alles vorbereitet.**

Ordner, Unterlagen, Wünsche – sogar die Grabstätte war geregelt.

Die Schublade, in der alles lag, hatte sie Ivo schon einmal gezeigt.

Sie hatte mir eine Generalvollmacht ausgestellt.

Ich wusste: Ich würde alles regeln.

Wir mieteten beim Bestatter einen Raum für etwa zwanzig Personen, luden ihre engsten Freunde und meine Brüder ein.

Stellten ein schönes Foto auf, spielten ihre Lieblingsmusik, und nahmen Abschied.

Sabrina organisierte den Apéro, Carsten hielt eine wunderbare Rede.

Die Urne war noch bei uns.

Danach fuhren wir zum Friedhof –

sie fand ihre letzte Ruhe in einem Gemeinschaftsgrab, genau so, wie sie es sich gewünscht hatte.

Ivo und ich kümmerten uns um alles: Todesanzeige, Hausräumung, Verkauf.

Das Auto ging – laut ihrem Wunsch – an Carsten.

Der Erlös aus dem Haus sollte unter sechs Personen aufgeteilt werden:
drei Kinder, drei Enkel.

Meine Brüder?

Taten exakt **gar nichts.**

Kein Angebot zur Hilfe, kein Interesse an Formalitäten.

Verkaufen konnten sie das Haus eh nicht – ich hatte ja die Vollmacht.

Aber es gab genug anderes zu tun.

Tim sah ich nach **fünfzehn Jahren** erstmals wieder –
zur Beerdigung.

Er sah schlecht aus.

Ursula blieb fern,
dafür kam ihre durchgeknallte Tochter mit.

Bis alles geregelt war, vergingen **zwei Jahre.**

Ich zahlte jedem seinen Anteil aus.

Von Tim kam – kein Dank.

Nur ein Foto seiner Bankkarte. Keine Worte.

Das Einzige, was er selbst erledigen sollte,
war eine Kleinigkeit beim Finanzamt.

Stattdessen kam ein Brief.

Mit »**Sehr geehrte Frau …**«
Er siezte seine eigene Schwester.

Ich dachte nur:

Das kann nicht sein Ernst sein.

Da hatte wohl Ursula ihre Finger im Spiel.

Er forderte Unterlagen, die überhaupt nicht nötig gewesen wären.

Also erledigte ich das lieber **selbst.**

Ursula war das Geld meiner Mutter offenbar besonders wichtig –
wie mir Sven immer wieder berichtete.

Aber was ging sie das eigentlich an?

Ivo hatte mit seiner Schwägerin ähnliche Erlebnisse.

Und für mich war klar:

Ich würde mich **niemals** in Geldangelegenheiten einmischen,
die **mir gar nicht zustehen.**

Punkt.

KAPITEL 22

WIE MAN(N) IN DER SCHWEIZ ZUR MELK-KUH WIRD

Dieses Thema braucht ein eigenes Kapitel. Ohne Wenn und Aber.

Gleich vorweg: Es gibt viele tolle Schweizerinnen. Taffe, clevere, herzliche Frauen – einige davon zählen zu unserem Freundeskreis.

Ivos Ex-Frau Carolin?

Ganz anderes Kaliber.

Sie wollte sich **ums Verrecken nicht scheiden lassen.**

Warum auch?

Das Leben war ja recht gemütlich: kein tägliches Kochen, jemand, der einkauft, Flaschen entsorgt, Versicherungen regelt, die Wohnung finanziert.

Einmal hatte sie sich am Urlaub beteiligt – das war's.

Ivo erzählte mir von Geschäftsreisen, zu denen sie als Paar eingeladen waren.

Sie kam **nur**, wenn es ihr gefiel.

Ansonsten sass er als einziger ohne Partner beim Dinner.

Peinlich für ihn – aber anscheinend nicht für sie.

Natürlich kenne ich nur Ivos Version.

Aber leider bestätigte sie sich ständig aufs Neue.

Ich erinnere mich an den Satz: »*Ich muss noch einkaufen gehen.*«

Dann war stundenlang Funkstille.

Ich dachte: *Was kauft er da – ein Haus?!*

Antwort: den Wocheneinkauf.

Sie legte ihre Fitnessstunden **genau** in diese Zeit wenn er von der Arbeit nach Hause kam.

Immerhin konnten wir dann wenigstens telefonieren.

Dann kam das Drama mit dem Mediator.

Monatelang.

Und jeden Monat floss weiter Geld in **ihre Rentenkasse.**

Als Ivo endlich die Scheidung einreichte, bestand sie auf zwei Jahre Trennungsfrist.

Jeder Gerichtstermin?

Entweder verschoben oder abgesagt.

Zeit- und Kostenfaktor: katastrophal.

Dass man in der Schweiz Rente, Altersvorsorge und Eigentum teilt – klar, Gesetz ist Gesetz.

Aber dass sie sich bis zur Rente **aushalten lassen wollte?**

Ohne Kinder. Ohne Leistung. Ohne Scham.

Das war frech. Und gierig. Und komplett daneben.

Und dann musste **ich** auch noch meine Steuererklärung einreichen!

Weil Carolins Anwalt prüfen wollte, ob Ivo eventuell durch **mich** »profitiert«.

Vielleicht könnte sie ja dann **noch mehr rausholen.**

Ich dachte, ich fall vom Glauben ab.

Und dann ihre Begründung:

»Ich habe ihm den Rücken freigehalten.«

Womit bitte?

Mit den **imaginären Kindern,** die sie nie wollte?

Ivo **hätte** gern Kinder gehabt.

Aber Kinder bedeuteten für sie nur eins: Aufwand.

Ich hab dann das Universum um Unterstützung gebeten – und siehe da: Einige Monate später wurde das Gesetz angepasst.

Frauen **ohne kleine Kinder** müssen **wieder arbeiten gehen.**

Danke, liebes Universum.

Jetzt müsste man das nur noch **anwenden.**

Ivo wollte Unterlagen aus der alten Wohnung holen –

aber Carolin hatte alles »versorgt«.

Absicht? Klar.

Noch ein Stück mehr Kontrolle. Noch ein bisschen mehr *melken.*

Dann der Höhepunkt:

Sie wollte

Zwei Drittel von Ivos Gehalt.

Ja, du hast richtig gelesen.

Er sollte arbeiten gehen – und sie hätte **mehr** Geld bekommen als er.

Sieben Jahre zog sich das Ganze.

Mietfrei wohnen. Geld kassieren. Keine Leistung.

Und dann die Farce mit den Bewerbungen:

Sie bewarb sich bei **Anwälten.**

Null Qualifikation.

Ich wunder mich bis heute, dass sie sich nicht gleich als **Bundesrätin** beworben hat.

Es war kurz nach der Pandemie – überall wurde Personal gesucht.

Aber Carolin?

Kam durch.

Das Gericht begründete das Urteil:

»Sie hat seit zwanzig Jahren nicht gearbeitet. Schwer vermittelbar.«

Also wird sie **belohnt** fürs Nichtstun?

Drei Richter sassen da, fanden das alles wohl okay.

Keiner wandte das neue Gesetz an.

Stattdessen: monatlicher Unterhalt im **mittleren vierstelligen Bereich.**

Für **null Leistung.**

Wäre Ivo weiter vor Gericht gegangen – keine Chance.

Die Kollegen hätten das Urteil ihrer drei Richterfreunde nie angezweifelt.

Die Kosten wären explodiert.

Ich dachte nach diesem Irrsinn das erste Mal ernsthaft über Auswandern nach.

Das war keine Gerechtigkeit mehr – das war blanker Hohn.

Aber dann – endlich – war es durch.

Die Scheidung war **rechtskräftig.**

Und genau an diesem Tag ...

bestellten wir beim Standesamt das Aufgebot für unsere Hochzeit.

KAPITEL 23

ZWISCHEN FRITTENFETT UND FREQUENZEN – VOM POMMESKRACH ZUR PERSÖNLICHKEITSREISE

Meine Jobs?
Die füllten mich einfach nicht mehr aus.
Der Foodtruck war körperlich nur noch anstrengend –
und mein Beauty-Studio lief auch nicht mehr wirklich rund.
Die Pandemie hatte mir da regelrecht Handschellen verpasst.
Und da kam diese Frage:
War's das jetzt?
Sollte das schon alles gewesen sein?
Ich begann, auf YouTube nach Inspiration zu suchen.
Und dann – zack – stieß ich auf **Rafael Bettencourt**.
Ein spiritueller Speaker, der mich sofort in den Bann zog.
Es ging um das **Gesetz der Anziehung**.
Kurz gesagt:
Unsere Gedanken und Gefühle formen unsere Realität.
Positive Gedanken ziehen positive Ergebnisse an – und umgekehrt.
Manifestieren bedeutet, durch gezielte Gedanken und Handlungen
seine Wünsche real werden zu lassen –
wie ein kosmisches Bestellformular.
Ich sog alles auf wie ein Schwamm.
Auch Beiträge von **Bob Proctor, Kurt Tepperwein, Dr. Joe Dispenza**
und **Elisha Crowd** gehörten bald zu meinem täglichen Programm.
Der erste Schritt war:
Was will ich eigentlich wirklich?
»Das finde ich cool« oder »macht Spass«
ist eben nicht dasselbe wie:

»**Das erfüllt mich zutiefst.**«
Ich fragte Freunde:
»*Wo seht ihr mich?*«
Viele Ideen kamen –
aber nichts fühlte sich richtig an.
Nicht so richtig **meins**.
Was mir in dieser Zeit extrem geholfen hat:
unsere Gespräche.
Ivo und ich sassen jeden Tag stundenlang am Esstisch.
Wir redeten über Gott und die Welt.
Ich sagte:
»*Meine Jobs machen mich nicht mehr glücklich –
aber ich weiss noch nicht, wohin die Reise gehen soll.*«
Und Ivo?
Er sagte nur:
»**Hör mit beidem auf. Sonst hast du den Kopf nicht frei für Neues.**«
Ich fiel fast vom Stuhl.
Ich hatte eher mit einem »Bist du wahnsinnig?« gerechnet.
Er hatte mit Carolin ja schon ganz andere Erfahrungen gemacht.
Aber nein. Er meinte es ernst.
Ich stellte den Foodtruck und mein Beautygerät ins Internet.
Verkauft war natürlich noch nichts –
aber ich hörte **als Erstes** mit dem Mittagsgeschäft auf.
Eine goldrichtige Entscheidung.
Endlich Zeit zum Nachdenken.
Zum Meditieren.
Zum Luft holen.
Und meine Rechnungen konnte ich trotzdem bezahlen.
Ich ging tief in mich.
Mein Kopf: ein einziges Feuerwerk.
Ich stellte alles in Frage.
Hatten meine Gedanken und Worte wirklich so eine Macht über mein Leben?
Mein Wissensdurst war riesig.
Besonders spannend:
Nahtoderfahrungen.
Am Ende erzählen doch alle das Gleiche:

Wir verlassen unseren Körper, sehen uns von oben,
und plötzlich ist klar, worauf es wirklich ankommt.
Mir fiel auch auf:
Wenn ich mich über kaputte Haushaltsgeräte ärgerte –
zack, fiel gleich das nächste aus.
Waschmaschine kaputt?
Dann das Bügeleisen hinterher.
Und meine Lieblingsüberzeugung:
»In jedem Job oder Haus gibt's ein Arschloch.«
Na bitte.
Danke, Universum. Geliefert wie bestellt.
Ich lernte:
Nicht an das denken, was man **nicht** will –
sondern sich auf das fokussieren, was man **möchte**.
Klingt einfach.
Ist es aber nicht.
Weil einen ja genau das beschäftigt, was gerade nervt.
Aber:
Man kann es **trainieren**.
Und tägliche Wiederholung ist der Schlüssel.
Ich sah den Film **»The Secret«**,
las das Buch,
verschlang alles, was ich in die Finger bekam.
Anfangs alles kostenlos.
Später investierte ich auch Geld.
Und das war die beste Investition meines Lebens.
Eine Investition in MICH.

Sieben Jahre habe ich den Foodtruck mit Herzblut betrieben.
Es war eine **grandiose, fettige, feurige Zeit.**
Aber irgendwann wurde das ganze Drumherum –
das ewige Schleppen, Putzen, Frieren, Schwitzen, Auf- und Abbauen –
einfach **zu viel**.
Mein Herz sagte:
Du hast geliefert. Jetzt darfst du auch mal loslassen.

KAPITEL 24

BARFUSS INS GLÜCK

Dass Ivo und ich heiraten wollten, war eigentlich keine grosse Überraschung – es fühlte sich von Anfang an einfach *richtig* an. Es war das erste Mal, dass ich sagen konnte: *Ja, das ist echte, tiefe Liebe.* Kein Kompromiss, kein Vielleicht – sondern zwei Seelenverwandte, die sich gefunden hatten. Verliebt wie zwei Teenies, nur eben mit ein paar charmanten Lachfalten mehr – Zeichen gelebten Lebens und unzähliger gemeinsamer Lacher.

Auch wenn eine Ehe in der Schweiz eher steuerliche Nachteile bringt – völlig egal. Für uns war klar: Unsere Liebe sollte offiziell werden. Komplett. Besiegelt. Mit Herz, Seele und einem klitzekleinen Funkeln im Auge.

Unser Traum? Eine Hochzeit auf Gran Canaria, direkt am Meer, in einem stilvollen Beach Club. Kein Zwang, kein »man muss halt« – sondern ein Fest mit Menschen, die wir wirklich mochten. Keine verstaubten Verwandtschaftslisten, keine Tischnachbarn zum Gähnen – nur Herzensmenschen mit guter Energie und echtem Party-Gen. Die gesamte Planung nahmen wir selbst in die Hand – niemand kannte unsere Vision besser als wir. Und ehrlich gesagt: Wir wollten uns da auch nicht reinreden lassen.

Im Beach Club gab es zwar einen Pfarrer – aber leider sprach der nur Englisch. Für uns war aber sofort klar: Nur einer kommt infrage – Martin. Ich fragte ihn ganz spontan, und er meinte nur trocken:

»Ich bin zwar kein Fan von heissen Ländern ... aber für euch mach ich's.«

Er bat uns, jeweils unsere Kennenlerngeschichte aufzuschreiben. Als er sie gelesen hatte, grinste er und sagte:

»Ina, du solltest ein Buch schreiben!«

Tada, lieber Martin – voilà, hier ist es. Und falls es tatsächlich ein Bestseller wird, gibt's natürlich ein bisschen was in deine Kollekte. Obwohl ... vielleicht solltest du nicht *alles* lesen. Nur zur Sicherheit.

Von meiner Familie kamen nur meine Kinder. Ivos Bruder und dessen Frau? Ausgeladen – wegen einer Eskapade der Schwägerin. Beste

Entscheidung ever! Ich würde es jederzeit wieder genauso machen, mit einem breiten Grinsen im Gesicht.

Nach einigen Gran-Canaria-Urlauben hatten wir längst ein fast freundschaftliches Verhältnis zum Geschäftsführer des Beach Clubs aufgebaut. Wir waren ja quasi schon Teil des Mobiliars – ohne uns ging dort keine Saison mehr los. Unsere Trauzeugen: Sabrina und Antonio. Die beiden hatten uns nicht nur begleitet, sondern auch unsere Trauringe geschenkt. Zweiundvierzig geladene Gäste – fast niemand sagte ab. Selbst mein Kumpel Jan aus Kassel kam mit seiner Freundin. Das allein war schon ein Zeichen!

Tag eins: standesamtliche Trauung im Schloss. Ich trug eine massgeschneiderte Kombination aus Hose und Carmenbluse – elegant, aber mit einer Prise »Ina«. Ein lieber Freund stellte uns eine Stretch-Limo zur Verfügung. Ivos Mama wurde per Handy live dazugeschaltet, Taschentücher inklusive. Danach ein feiner Apéro, Dinner in Zürich, Übernachtung – und am nächsten Morgen ging's los: der Flieger wartete. Martin war auch schon vor Ort, bereit für seine »Mission Sunshine«.

Auf Gran Canaria hatten wir Shuttlebusse organisiert und uns für unsere Gäste ein paar liebevolle Highlights ausgedacht. Der erste Abend? Eigentlich als lockeres Ankommen geplant ... aber wie das Leben so spielt: Eskalation deluxe. Die Sonnenbrille, die meine Augenringe hätte kaschieren sollen? Hätte besser ein Ganzkörper-Make-up gehabt. Das Getränk mit den sechsundfünfzig Kräutern hatte ganze Arbeit geleistet – von innen. Ich sag nur: *Autsch, aber lustig!*

Unser grosser Tag? Unvergesslich. Einfach magisch – mit einem winzigen Haken: Unser Taxi wurde vergessen. Kein Witz. Also liefen wir, im kompletten Hochzeitsoutfit, die Strandpromenade entlang. Ich, eigentlich kein Kleider-Fan, fühlte mich in meinem hochgeschlitzten Strand-Brautkleid wie eine Göttin auf Urlaub. Begleitet von der elektrischen Geigenspielerin, die wir zufällig im Beach Club entdeckt hatten – Gänsehaut garantiert. Die Musik? Emotional. Die Gäste? Den Tränen nah. Der Moment? Unbezahlbar.

Martin hielt eine Traurede, die uns mitten ins Herz traf – kein trockenes Blabla, sondern echtes Herzblut. Der DJ verwandelte den Abend in eine Sause, die alles sprengte, was ich je erlebt hatte. Die Party? **Elf Tage!** Pure Lebensfreude, tanzen bis die Flip-Flops flogen – nix mit Erholung. Eine Freundin sagte am Ende:

»Zweiundvierzig Menschen, die sich vorher kaum kannten, sind als Freunde auseinandergegangen.«

Keine Grüppchen, kein Ausschluss – nur Liebe, Musik und diese eine gemeinsame Welle, auf der wir alle ritten.

Ich hab noch nie eine schönere Hochzeit erlebt – nicht mal im Fernsehen, und da läuft ja sonst auch einiges. Das Feedback war eindeutig:

»Die geilste Hochzeit, auf der wir je waren!«

Und ehrlich – mehr kann man sich doch nicht wünschen, oder?

Als Dank für die Ringe schenkten wir Sabrina und Antonio eine Italien-Rundreise. Wir hatten ja beide ein schwarzes Cabrio – Sabrina träumte schon ewig von Portofino. Ivo stellte eine Traumroute zusammen – für zwei ganz besondere Menschen, die unser Glück noch ein Stück perfekter gemacht hatten.

KAPITEL 25

HÖHEN, TIEFEN UND TEENAGERWAHNSINN

Carsten hatte seine Lehre erfolgreich abgeschlossen – ein Moment des Auf-atmens. Doch die Erleichterung war nur von kurzer Dauer. Er litt unter De-pressionen, und der Job als Paket-Zusteller zog ihm zusätzlich die Energie aus den Knochen. Täglich unter Strom, ständig auf Achse, keine Pause für die Seele. Dazu kam: Er konsumierte schon seit Jahren Cannabis – und nicht nur das. Es war bereits sein zweiter Entzug.

Ivo – der einfach ein feines Gespür für Menschen hat – schrieb ihm eines Tages eine Nachricht:

»Hey, hast du mal Lust auf ein Bier?«

Gesagt, getan. Beim gemeinsamen Feierabendbier fragte er Carsten ganz direkt:

»Was macht dich denn so unglücklich?«

Carsten zögerte kaum: »Der Job.«

Ohne grosses Tamtam bot Ivo ihm eine Stelle im Betrieb an, in dem er als Geschäftsführer arbeitete. Carsten war begeistert – zum ersten Mal seit Langem schimmerte Hoffnung durch. *Ein Licht am Ende des Tunnels.* Ivo machte ihm aber eines unmissverständlich klar: »Keine Drogen. Nicht im Betrieb. Nicht in meinem Team.«

Carsten versprach es – und hielt sich zunächst daran.

Er machte sich richtig gut, war motiviert, lernte schnell, war wieder ein junger Mann mit Perspektive. Ab und zu hatte er eine Freundin, aber nichts Dauerhaftes. Er zog in die Nähe des Betriebs, suchte sich ein kleines Zu-hause – ein Neuanfang. Doch der Aufbau eines neuen Freundeskreises fiel ihm schwer. Die alten Bekannten aus Basel waren zwar noch da, aber irgend-wie war alles anders geworden. Nicht greifbar, nicht verlässlich. Eben nicht mehr wie früher.

Stattdessen flüchtete er sich nach der Arbeit in die digitale Welt. Zo-cken, abschalten, nicht nachdenken. Und irgendwann – schleichend, fast unbemerkt – war der Konsum wieder da. Erst unauffällig, dann immer mehr. Er schwänzte die Arbeit, wirkte müde, leer, fahrig. Ivo sprach ihn an, versuchte, ihn zu motivieren. Riet ihm, wenigstens seinen Berufsabschluss im Verkauf zu machen – damit er *etwas in der Hand hat*. Und tatsächlich: Im zweiten Anlauf schaffte er es.

Doch trotz aller Bemühungen und aller Geduld kam schliesslich der Moment, in dem Ivo ihn nach fast vier Jahren kündigen musste. Eine Entscheidung, die weh tat – aber notwendig war. Er stellte Carsten frei, mit vollem Gehalt. Ein Sprungbrett, um noch einmal neu zu starten. Theoretisch.

Doch Carsten nutzte die Chance nicht. Im Gegenteil. Er rutschte weiter ab. Das Geld versickerte in Drogen, die Schulden wuchsen, und dann lernte er eine Frau kennen – eine, die ebenfalls konsumierte. Eine toxische Beziehung mit Dauer-On/Off-Modus. Ich begegnete ihr einmal auf einer Party bei uns. Kein Glanzstück, um es freundlich zu sagen.

Marvin hingegen … Ja, auch er kiffte – aber er hatte es besser im Griff. Andere Drogen rührte er nicht an. Er hatte seine Ausbildung zum medizinischen Masseur erfolgreich abgeschlossen und arbeitete regelmässig. Trotz seiner Einschränkungen blieb er positiv, reflektiert und erstaunlich stabil. Und dann kam – wie aus dem Nichts – das Thema Frauen. Intensiv. Wie ein Vulkan, der plötzlich ausbricht.

Er hatte sich selbst ein Ziel gesetzt: Jeden Tag vier Frauen ansprechen.

Und glaub mir, das hatte Wirkung.

Eine feste Beziehung? Undenkbar. Er wollte das Leben geniessen – in vollen Zügen.

Er meinte mal zu mir:

»Was ich bei deinen zwei Ehen und dem Stalker erlebt hab – nee, danke. Ich bin geheilt.«

Oje. Da war er also, der Spiegel. Sido hätte gesagt: »*Ich bin ein schlechtes Vorbild.*«

Aber hey – es ist, wie es ist.

Und Luana?

Luana machte mir in dieser Zeit am meisten Sorgen. Sie begann, Kontakt zu Jungs aus einer Einrichtung für schwer erziehbare Jugendliche zu suchen – und bald darauf kiffte auch sie. Ich war fassungslos. Mein kleines, ruhiges, sensibles Mädchen … auf einmal so anders. Ihre sexuelle Neugier kam früh und stürmisch. Samuel, ihr Vater, erzählte mir von Dingen, die im Keller passiert seien – ich war entsetzt.

Luana hingegen lachte.

Sie fand das alles völlig normal. Fast wie ein Spiel.

Aus meinem verträumten Kind wurde ein Teenager, der mir viele schlaflose Nächte bescherte. Sie blieb tagelang weg, konsumierte alles, was sie in die Finger bekam – und ich kam an meine Grenzen.

Ich bin ein lösungsorientierter Mensch. Ich suche nie nach Schuld, sondern nach Wegen. Aber hier? Hier fühlte ich mich machtlos.

Und dann: ein Hoffnungsschimmer. Luana bekam eine Lehrstelle als Friseurin. Ich war so erleichtert. Endlich ein Stück Normalität! Sie mochte den Job sogar – und ich war regelmässig ihr Modell. Es war fast ein kleines Ritual geworden.

Doch dann kamen die ersten Alarmsignale. Sie verschlief, vergass ständig ihre Sachen. Zur Einarbeitung musste sie mehrmals pro Woche nach Zürich – und durfte bei Carsten übernachten. Was ich damals nicht wusste: Der Pillenkonsum war längst wieder da. Unter Einfluss dieser Substanzen war sie wie ausgewechselt. Eine Fremde.

Einmal – ich werde diesen Moment nie vergessen – schlug sie mit dem Kopf gegen die Tür, weil ich nicht wollte, dass sie rausgeht. Ivo kam dazu, hielt sie an den Handgelenken fest. Sie tobte, schrie, war völlig ausser sich. Wer so etwas noch nie erlebt hat, kann es sich kaum vorstellen. Es zerreisst einen innerlich.

Später teilte sie uns mit, dass sie von einer Anzeige gegen Ivo *vorerst* absehen würde. Dieses kleine Wort – »vorerst« – machte mir Angst. In der Schweiz ein Albtraum. Die Polizei reagiert sofort. Ohne Rückfragen. Ein Bekannter von Ivo landete in Untersuchungshaft – völlig zu Unrecht. Er verlor Job und Wohnung. Alles wegen einer haltlosen Behauptung. Erst viel später wurde alles fallengelassen – da war der Schaden längst angerichtet.

Viele reden sich raus.

Viele Drogensüchtige behaupten, sie seien *irgendwie* in die Sucht hineingerutscht. Ganz ehrlich? Ich habe in meiner eigenen Sturm-und-Drang-Zeit auch konsumiert – und ich wusste ganz genau, worauf ich mich einlasse. Seit *Christiane F.* kennt doch wirklich jeder die möglichen Konsequenzen. Und ich bin da ganz alleine wieder raus gekommen, weil ich es wirklich wollte

Die wirklich Leidtragenden sind nicht die Konsumenten. Es ist die Familie. Die Nicht-Konsumenten. Die, die zusehen müssen, wie ein geliebter Mensch immer mehr zerfällt. Die belogen, betrogen, beklaut werden – und trotzdem lieben. Die kämpfen, helfen, verstehen wollen. Die sich den Mund fusselig reden, sämtliche Register ziehen, sich aufreiben, hoffen, beten.

Aber irgendwann muss man loslassen. Sonst geht man selbst daran kaputt.

Es ist ein Kampf, den letztlich nur Experten begleiten können – **wenn** der Betroffene wirklich will. Denn ohne diesen eigenen Willen, ohne echte Bereitschaft zur Veränderung, passiert einfach gar nichts.

In dieser Zeit gab es für mich nur einen Rettungsanker: **Meditation.**

Sie war mein Licht, mein Ruhepol, mein täglicher Anker im Sturm. Ohne sie wäre ich wahrscheinlich durchgedreht.

KAPITEL 26

ZWISCHEN HANDSCHELLEN UND
HOFFNUNGSSCHIMMER

Luana übernachtete mal wieder bei Carsten, als Ivos Handy klingelte – mein Akku war leer. Am anderen Ende der Leitung: eine völlig aufgelöste Luana. Die Polizei hätte Carsten verhaftet. Sie sei noch in Zürich und wir sagten ihr, dass sie den nächsten Zug nehmen sollte. Natürlich holten wir sie sofort vom Bahnhof ab. Es war Samstagabend, und was sie erzählte, klang wie aus einem schlechten Krimi.

Sie hätten nur kurz etwas an der Tankstelle holen wollen, als plötzlich fünf oder sechs Männer auf sie zustürmten. Kein Ausweis, keine Uniform, nichts – einfach zu Boden geworfen, in Handschellen gelegt und in separate Autos verfrachtet. Alles in Zivil. Luana dachte, sie werde entführt. Kein Wunder bei dieser Art von Zugriff. Sie hatte Todesangst.

Die beiden wurden zur Wohnung gebracht, erste Durchsuchung inklusive. Luana durfte nach Hause, Carsten wurde mitgenommen. Wir hatten keinen blassen Schimmer, was überhaupt los war. Am nächsten Tag versuchte ich bei der Polizei etwas zu erfahren – doch: keine Auskunft. Carsten sei volljährig. Ich dachte nur: *Das kann doch nicht wahr sein! Man kann doch nicht einfach jemanden aus dem Leben reissen, ohne die Familie zu informieren?!*

Ich telefonierte mich durch die halbe Schweiz, fuhr sogar persönlich zum Polizeiposten. Niemand wusste etwas. Selbst sein bester Freund war ratlos. Dann stiessen wir auf einen Artikel: Schüsse in Regensdorf. Eine beschädigte Fassade, eine zerschossene Scheibe. *Aber Carsten und Waffen? Niemals.*

Am Dienstag endlich: ein Anruf von der Pflichtverteidigerin. Der Vorwurf: Schüsse auf ein Wohnhaus – das Haus seiner Ex-Freundin. Sie habe auf Nachfrage der Polizei seinen Namen genannt. Ich dachte nur: *Hallo? Schmauchspuren? Das kann man doch alles testen!* Aber natürlich – die Staatsanwältin wolle sich »Zeit nehmen«.

Und als ob das nicht genug wäre, kam direkt der nächste Knaller. Eine Nachricht an Luana von einem ihrer Kumpels: Sie schulde ihm noch ein paar Hundert Franken. Und ihre Tattoos seien auch noch nicht bezahlt. Ich: *Welche Tattoos bitte?!* Drei Stück. Gestochen von der Freundin dieses Kumpels. Ich wartete nur noch darauf, dass irgendwo ein Kamerateam hervorspringt und ruft: »Verstehen Sie Spass?«

Wenig später mussten Luana und ich zur Polizei nach Zürich. Ich rief bei ihrer Arbeit an, erklärte der Chefin, dass sie früher gehen müsse, versprach, sie danach wieder zurückzubringen. Erst wurde Luana vernommen, dann ich. Ich rechnete mit Sachbeschädigung. Aber dann wurde mir der eigentliche Vorwurf vorgelesen: *Verdacht auf versuchte Tötung.* Ich fiel aus allen Wolken.

Schüsse auf Polizeibeamte – und das Ganze wurde als versuchte Tötung gewertet. Carsten? Nein. Einfach nein.

Ich brachte Luana zurück zur Arbeit. Ihre Chefin: »Na, bist du bedient für heute?« Ich nickte nur. Dann schob sie den nächsten Schlag hinterher: *Kündigung.* Luana sei seit zwei Monaten nicht mehr zur Berufsschule gegangen. Ich war wie vor den Kopf gestossen. Sie ging doch jeden Morgen aus dem Haus! Offenbar nur nicht dorthin, wo sie sollte. Was für ein Tag.

Carsten sass dreieinhalb Wochen in Untersuchungshaft. Dann wurde er entlassen. Einige Wochen später wurde der wahre Täter – in Deutschland – gefasst.

Und als Ivo seinem Freund davon erzählte, sagte dieser nur: »Jetzt muss ich dir auch was erzählen.« Sein Sohn – ebenfalls in der Nähe des Tatorts wohnhaft – wurde auf seiner Joggingrunde ebenfalls festgenommen. Zack, Handschellen. Eine Nacht in Gewahrsam, am nächsten Morgen die Wohnung durchsucht. Seitdem leidet er an einem Trauma. Ich dachte nur noch: *Was läuft hier eigentlich falsch? Diese Polizeigewalt ist beängstigend.*

Carsten bekam nach etwa neun Monaten eine kleine Entschädigung. Ein müdes Trostpflaster aus dem Steuertopf.

Das war der Moment, in dem mir – zum zweiten Mal – klar wurde: *Ich will hier nicht mehr leben.* Zum Glück dachte Ivo genauso.

Carsten entschloss sich zu einem neuen Entzug – diesmal in einer richtig guten Klinik. Wir suchten gemeinsam, besichtigten eine Einrichtung und fanden sie super. Carsten blühte richtig auf. Er lernte dort ein Mädchen kennen – ebenfalls in Behandlung. Doch nach der Entlassung kam der nächste Schlag: Sie hatte einen Rückfall. Wütend fuhr er wieder nach Hause. Einige

Wochen später gestand er, selbst ebenfalls rückfällig geworden zu sein. Doch er wolle bald wieder in die Klinik. Es war wie ein niemals endender Kreislauf.

Auch mit Luana wurde es nicht leichter. Ich wandte mich ans Jugendamt – sie kam nächtelang nicht nach Hause. Wir suchten gemeinsam mit der KESB nach Lösungen. Samuel, Luana und ich wurden zu einem Gespräch eingeladen. Luana entschied sich für eine betreute Wohngruppe – bis zu ihrem 18. Geburtstag. *Endlich ein Hoffnungsschimmer!* Eine Tagesstruktur, eine Lehrstelle – und für uns Eltern eine echte Entlastung durch professionelle Betreuung.

Ich lockerte die Zügel zu Hause – und prompt hatte sie »keine Lust mehr« auf die Wohngruppe. Es sei doch so schön zu Hause. Tja. Und damit war alles wie vorher. Keine Bewerbungen. Kein Plan. Kein Fortschritt.

KAPITEL 27

VISIONEN MIT MEERBLICK

Lange hatte ich nachgedacht, meditiert und unzählige Gespräche mit Ivo geführt – bis unser gemeinsames Projekt Form stand: Wir wollten auswandern. Nicht aus einer Laune heraus, sondern mit einem echten Plan. Uns schwebte eine kleine, feine Ferienwohnungsvermietung vor – ein bisschen schicker als der Durchschnitt, mit Stil, Charme, einem traumhaften Pool und – ganz wichtig – spektakulärem Meerblick.

Ursprünglich lag unser Fokus auf Gran Canaria. Wir hatten dort viele wundervolle Urlaube verbracht, aber das passende Objekt wollte sich einfach nicht zeigen. Und so lenkte uns das Universum weiter – nach Teneriffa. Diese Insel kannte ich bislang nicht so gut. Also begannen wir, mit einer App Spanisch zu lernen und stöberten über ein Jahr lang durch Online-Portale, auf der Suche nach Häusern, Fincas und Grundstücken.

Die Schweiz war lange Zeit ein gutes Zuhause – aber hier wollten wir definitiv nicht alt werden. Zu teuer, zu klimatisch launisch. Unsere 160-Quadratmeter-Dachterrasse konnten wir entweder nicht nutzen, weil es zu kalt war – oder weil wir bei über dreissig Grad direkt dahinschmolzen. Lebensqualität? Sieht für mich anders aus.

Ich war ja nie in die Schweiz gezogen, weil mich das Alpenpanorama vom Hocker gerissen hätte. Ich bin kein Wandervogel, der auf Gipfel kraxelt – aber beim Anblick von Wasser, Wellen und Weite geht mir das Herz auf. Meer statt Berge, ganz klar.

Unsere Italienreise – Start in St. Moritz, Ende in Zermatt – hatte mir das einmal mehr bestätigt. St. Moritz? Kalt und versnobt. Zermatt? Süss und mein absoluter Favorit. Zürich? Super für Events, aber keine Stadt für mein Herz. Es war Zeit für etwas Neues.

Und plötzlich fügten sich alle Puzzleteile zusammen. Ich hatte im Service gearbeitet, im Hotel, unseren Foodtruck geschmissen, Gäste bewirtet – warum das Ganze nicht auf eine neue Ebene bringen? Mit Stil, Herz und vielleicht sogar mit sozialem Aspekt. Unser Herz schlägt für Menschen – nicht nur für zahlende Gäste. Wir wollten etwas zurückgeben. Etwas schaffen, das auch anderen guttut.

Jeden morgen richtete ich mich aus und hatte mein Ziel vor Augen. In meinem Kopf waren unsere Apartments längst fix und fertig eingerichtet – inklusive Deko, Wohlfühlatmosphäre und chilliger Poolmusik. Jeden Morgen visualisierte ich unseren Traum, sprach meine Wünsche in der Gegenwartsform aus, als wären sie bereits Realität. Das Schwierigste daran? Das passende Gefühl. Sich wirklich so fühlen, als hätte man zehn Millionen auf dem Konto – obwohl man in Wahrheit gerade fünftausend im Minus ist. Nicht einfach. Aber machbar. Und vor allem: trainierbar.

Dass Ivo die gleichen Ziele hatte, war für mich kein Selbstläufer – sondern ein echtes Geschenk. Ich hatte damals mal einen Zettel mit meinem »Traummann« ans Universum geschickt – und dann glatt vergessen. Keine Emotionen, keine Erwartungen. Und trotzdem wurde geliefert.

Was ich in dieser Zeit auch gelernt habe: Du kannst dich energetisch gegen die Wünsche anderer schützen, wenn sie dich betreffen. Klingt spirituell – funktioniert aber erstaunlich gut.

Alle schönen Dinge, die wir im Urlaub erlebt hatten, wollten wir in unser Projekt integrieren. Und alles, was uns auf den Keks ging? Streichen. Es wird coole Musik am Pool geben und nur positive Menschen um uns herum – das hab ich so bestellt!

Auch Marvin konnte sich vorstellen, irgendwann nachzukommen. Carsten wollte nach seinem nächsten Entzug erst einmal zu seinem Vater nach Bayern – raus aus dem alten Umfeld. Eine gute Entscheidung. Und Luana? Sie wollte ihre Ausbildung in der Schweiz beginnen – und vielleicht später nachkommen. Vielleicht. Vielleicht auch nicht. Jeder soll seinen eigenen Weg gehen.

Ich hatte uns alle längst vor meinem inneren Auge auf Teneriffa gesehen – aber nicht unbedingt gemeinsam. Jeder auf seiner eigenen kleinen Bühne. Ich habe Jahrzehnte über unaufgeräumte Zimmer geschimpft. Damit ist jetzt Schluss. Wer will, kommt. Wer nicht – bleibt. Ich zieh das jetzt durch.

KAPITEL 28

ZWISCHEN WAHNSINN UND
WUNSCHIMMOBILIE

Im November 2024 war es endlich soweit: Wir flogen nach Teneriffa, um uns die Insel einmal ganz in Ruhe anzusehen. Bisher hatte unser Fokus immer auf Gran Canaria gelegen – aber das Richtige für uns wollte dort einfach nicht auftauchen. Und manchmal ist das Leben eben wie eine Schatzsuche: Du musst einfach noch ein bisschen weitergehen. Eine Insel weiter, um genau zu sein.

Teneriffa also. Wir waren noch nicht oft dort gewesen, wollten aber jetzt richtig eintauchen, entdecken, staunen. Schon von der Schweiz aus hatte ich einen Termin mit einer Maklerin vereinbart. Unsere NIE-Nummern – also die spanischen Steuernummern – hatten wir uns vorsorglich im Konsulat in Bern besorgt. Wir waren bereit. Bereit für Häuser, Fincas, Grundstücke – und sogar offen für die Idee mit Container-Häusern, in die wir uns zwischenzeitlich ziemlich reingesteigert hatten. (Da gibt's richtig coole Sachen!)

Wir schauten uns vier Objekte an. Aber schon beim zweiten war es um uns geschehen: Liebe auf den ersten Blick. Herzklopfen inklusive. Ein Traumhaus mit vier Wohneinheiten – jede davon mit Wohnzimmer, Schlafzimmer, Küche, Bad und eigener Terrasse. Gepflegt, stilvoll eingerichtet, grosszügig. Einfach ein Knaller! Ein Pool fehlte zwar noch, aber das Grundstück war so riesig, dass wir ihn problemlos später bauen könnten. Und dieser Blick! Teide und Meer in einem Bild – zum Niederknien schön.

Natürlich war es das teuerste Objekt. Wie sollte es auch anders sein? Aber wir hätten eine Wohnung für uns, drei für Urlaubsgäste – und sogar noch Baureserven für spätere Ideen. Es schien zu perfekt, um wahr zu sein. Und vielleicht war es das auch. Denn zwei kleine Dinge fehlten uns noch: ein Rentenanspruch – und das nötige Kleingeld.

Ivo hatte noch finanzielle Verpflichtungen, die sich nicht einfach wegwischen liessen. Und auch wenn sie nicht aus seiner Ehe stammten, sie waren da. Dazu kamen die Kinder – kein ganz unwichtiger Faktor in der Lebensplanung. Unsere Zukunft hing plötzlich an Entscheidungen anderer – ein Gefühl, das ich noch nie besonders mochte.

Irgendwann sagte Ivo: »Vergiss es, das können wir uns nicht leisten.« Ich spürte, wie sich in mir alles dagegen sträubte. Jetzt hatten wir endlich *das* gefunden – und sollten einfach aufgeben? Ich wusste: Wenn ich jetzt loslasse, werde ich es bitter bereuen. Ivo hat mich immer unterstützt, aber bei diesem Thema holten ihn seine Zweifel ein. Er fragte sogar, was mir meine ganze »spirituelle Reise« denn bisher gebracht hätte. Uff. Das tat weh. Aber ich blieb bei mir. Bei meinem Weg. Bei unserem Traum.

Es gab Geld aus dem Verkauf seiner Eigentumswohnung, das eigentlich für besagte Verpflichtungen gedacht war. Und auch die Möglichkeit, unter bestimmten Voraussetzungen die Pensionskasse vorzeitig auszahlen zu lassen. Aber es reichte nicht ganz. Und wir wollten nicht ins Abenteuer stürzen mit dem Gefühl, vom ersten Tag an am Limit zu leben. Unser Motto war und blieb: *Es muss sich leicht anfühlen.*

Parallel dazu schob sich auch noch das Thema Luana wieder ins Blickfeld. Sie wurde bald volljährig – aber sie einfach so auf die Strasse setzen? Kam nicht infrage. Ihr Vater sah sich nicht mehr zuständig. Ich sprach erneut mit unserem Ansprechpartner vom Sozialamt. Die Empfehlung: Sozialhilfe beantragen, eine kleine Wohnung suchen. Aber ganz ehrlich – ich konnte mich mit dem Gedanken nicht anfreunden, meine eigene Tochter gleich in eine »Sozialhilfe-Karriere« zu schicken.

Dieses Gefühl kannte ich leider nur zu gut. Mein Bruder, dann Ivos Ex – und jetzt das? Ich fühlte mich umzingelt von Menschen, die glaubten, andere könnten›s schon für sie richten. Die Generation »Ich chill und kassier« war offenbar längst unter uns angekommen.

Und dann kam ein Brief von der KESB. Man erinnerte daran, dass Luana weiterhin Anspruch auf einen Platz in einer betreuten Wohngruppe hätte – ein Angebot, das sie früher schon einmal abgelehnt hatte. Nun sollte sie zunächst einen Beistand zur Seite gestellt bekommen. Das klang endlich nach einer echten Lösung. Denn bei der Vorstellung, dass sie mit ihrer ausgeprägten Ordnungsliebe (Ironie off) alleine wohnen sollte, wurde mir ehrlich gesagt etwas flau im Magen.

KAPITEL 29

EIN HAUS, EIN POOL – EIN PLAN MIT HERZ

Unsere Maklerin machte uns gleich klar: Eine klassische Bankfinanzierung sei eher unwahrscheinlich. Uns fehlten Vergleichszahlen für eine Ferienvermietung – keine Umsätze, keine Referenzen. Sie empfahl uns jedoch eine Bank mit einer deutschsprachigen Mitarbeiterin und wollte dort schon mal » ein gutes Wort für uns einlegen «. So fit waren wir sprachlich auf Spanisch noch nicht – aber ein Konto eröffnen wollten wir auf jeden Fall.

Wir wurden in ein Büro gebeten, und das Gespräch begann so:

» Sie sind hier um ein … «

Ich wollte den Satz gerade vervollständigen mit » Konto zu eröffnen «, aber sie sagte: » Haus zu kaufen. «

Ivo und ich schauten uns überrascht an. Unsere Bankerin kam dann sehr schnell zur Sache – zu den finanziellen Rahmenbedingungen. Und siehe da: Es war machbar. Vorausgesetzt, wir würden die sogenannten Altlasten ein bisschen später begleichen.

Und was soll ich sagen?

Wir haben es einfach gekauft.

So ein Anwesen – für uns ein absoluter Glücksgriff – hätten wir nie wieder gefunden. Und plötzlich öffnete sich Türchen um Türchen: Das Geld aus dem Verkauf von Ivos Eigentumswohnung, ursprünglich für alte Verpflichtungen gedacht, floss in die Anzahlung. Und diejenigen, die auf dieses Geld gewartet hatten? Ivo teilte ihnen schlicht mit, dass es jetzt eben weg sei.

Bei Ivo hatte es einen grossen Wechsel in der Firma gegeben, mit deutlich weniger Gehalt als zuvor. Wir mussten kreativ werden. Bezahlen wollten wir seine Altlasten trotzdem – mit monatlichen Raten und dem grösseren Batzen später, wenn er in Rente geht und seine Pensionskasse ausbezahlt bekommt. Und by the way: Es traf niemand, der auf dieses Geld wirklich angewiesen war. Damit war Problem Nummer eins gelöst.

Caroline schaffte es übrigens auch diesmal nicht, in meiner Prioritätenliste unter die Top Zehntausend zu gelangen – also alles im grünen Bereich, was potenzielle Kopfschmerzen betrifft.

Ich machte mir derweil unendlich viele Gedanken darüber, in welcher Form wir unsere Ferienwohnungen vermieten wollten: Airbnb, B&B oder einfach klassische Ferienapartments?

Airbnb hatte einige charmante Vorteile: Die Einnahmen werden direkt mit der Gemeinde versteuert, um die Abrechnung müssten wir uns also nicht kümmern. Auch die Endreinigung würden die Gäste selbst bezahlen. Und das Beste: **Man kann seine Gäste bewerten – nicht nur umgekehrt.** Das gibt einem ein bisschen Sicherheit, dass niemand bei uns haust wie die sprichwörtliche Axt im Walde. Und zukünftige Gastgeber sehen diese Bewertungen ebenfalls – ein klares Plus.

B&B sprach mich dagegen überhaupt nicht an. Ich wollte nicht jeden Morgen Frühstück zubereiten und mich rund um die Uhr an unser Projekt ketten. Ich wollte auch mal frei haben – für Ausflüge innerhalb Spaniens. Als Resident profitierst du übrigens in Spanien von satten **75 Prozent Rabatt auf alle Inlandsflüge, Fähren und sogar Kreuzfahrten.** Für Kinder und Senioren sogar noch mehr. Und langsam gehörten wir ja irgendwie auch zur zweiten Kategorie ...

Also fiel die Entscheidung: **Airbnb.**

Meine Vision? Moderne, hochwertig eingerichtete Apartments, in denen es ein Leichtes ist, sich selbst Frühstück oder auch ein kleines Dinner zuzubereiten. Ein Airfryer sollte in jede Küche – damit kann man im Handumdrehen Brötchen aufbacken oder ein Ei pochieren.

Ich wollte lokale Künstler einbinden – ihre Werke in unseren Wohnungen ausstellen. Unsere Gäste hätten die Möglichkeit, sie direkt bei uns zu kaufen. So könnten wir die Inselbewohner unterstützen und gleichzeitig mit liebevoller Deko punkten. Auch einheimische Weine und Spezialitäten sollten Teil unseres Angebots werden.

Wir kündigten unsere Wohnung. Meine Geschäfte hatte ich bereits aufgegeben, ich lebte von meinen Ersparnissen. Eigentlich war unser Projekt mal als Zusatzrente gedacht – jetzt wurde plötzlich alles real. Rasant real.

Ursprünglich war der Plan, dass ich zuerst allein auf die Kanaren ziehe und Ivo – so oft es geht – nachkommt, bis er in Rente geht. Wir hätten während der Umbauphase noch sein Gehalt als Sicherheit. Er würde sich ein kleines Apartment suchen. Unsere räumliche Trennung wäre absehbar – aber machbar.

Wir begannen mit den Umzugsvorbereitungen. Schnell stand fest: Möbel kommen keine mit. Nur Persönliches. Und mein Currywurst-Equipment. Man weiss ja nie! Vielleicht freuen sich ein paar Deutsche in der Gegend über eine leckere Wurst auf dem Wochenmarkt. Für ein paar Stunden an ein bis zwei Tagen in der Woche? Wär doch was – wenn die Zeit es zulässt.

Ich ging zur Gemeinde, meldete mich in Spanien an – in der Schweiz frühzeitig ab, wegen möglicher Steuern die noch anfallen könnten. Ich brauchte eine Abmeldebestätigung, um meine Krankenkasse, Versicherungen und Telefonverträge zu kündigen. Auch meine angesparte Altersvorsorge (nicht die Rente) würde mir dann zur Verfügung stehen – das Geld konnten wir gut gebrauchen. Der grosse Pool will ja auch noch gebaut werden.

Das alles war aufregend. Und dann kam mein heissersehnter Termin bei der KESB. Samuel, Luana und ich sassen einem sehr netten, kompetenten und lösungsorientierten jungen Mann gegenüber. Seine Vorschläge gefielen uns allen. Er versprach, alles in die Wege zu leiten und sich nächste Woche wieder zu melden.

Luana würde einen Beistand bekommen, der sie begleitet und unterstützt. In welcher Form und Intensität, das stand noch nicht fest. Aber klar war: Sie sollte in eine betreute Wohngruppe ziehen. Natürlich durfte sie diese vorher besichtigen. Und dann sagte sie zu mir:

»**Mama, vielleicht brauch ich das einfach.**«

Manchmal fruchten Worte von Fremden eben mehr als die der Eltern. Wichtig war, dass sie wieder eine Tagesstruktur bekommt. Vielleicht klappt das mit Gleichgesinnten besser: kleine Aufgaben in der Wohngruppe, Lehrstellensuche oder wenigstens ein Praktikum. *Irgendetwas.*

Einmal mussten wir noch nach Teneriffa fliegen, um alle Verträge zu unterschreiben und erste Genehmigungen zu organisieren. Dafür brauchten wir eine **Gestoria** – die kümmern sich um alles: Steuern, Vermietungslizenz (VV), Strom, Wasser, Müll, Bürokratie deluxe.

Ich holte mir eine spanische Prepaid-SIM und buchte die Fähre. Mit dem Auto wollten wir fahren – bis nach Huelva gut 2.000 Kilometer. Und dann noch fast 40 Stunden mit der Fähre bis Teneriffa. Wir hatten alles durchgeplant und Zeitpuffer eingebaut. Die Wohnungsübergabe war mit der Verwaltung abgesprochen, die Schlüsselübergabe organisiert.

Die Reise sollte gemütlich verlaufen – täglich rund 500 Kilometer, vier Übernachtungen, dann ab aufs Schiff. Bis wir ein Video im Internet entdeckten: eine 90er-Jahre-Party in Valencia. *Ein Riesen-Spektakel!* Genau unser Ding. Also: Plan umgeworfen, Party eingeplant. Wird schon. Schlafen können wir schliesslich auch noch auf der Fähre.

Unsere überschaubare Menge an Umzugsgut wurde drei Tage vor der Abfahrt abgeholt und am Tag der Abfahrt wurde am Morgen die Wohnungsübergabe organisiert. Wir mussten nur noch eines: **an Tag X in Huelva sein.**

Die Kids wollten noch ein paar Möbel und Kleinigkeiten – den Rest verscherbelte ich im Internet. Keine Reichtümer, aber immerhin sparte ich mir so grösstenteils die Entsorgungskosten.

Ja, es gab einiges zu tun. Und wir waren mittendrin.

BUCHENDE – MEIN ROTER FADEN (FINALE)

Und da standen wir also – mit einem vollgepackten Auto, einem Herzen voller Vorfreude und einem Navi, das nach Süden zeigte. Es war kein perfekter Plan, aber es war **unser** Plan. Mitten im Chaos, zwischen Umzugskisten und Currywurst-Ausstattung, spürte ich ganz deutlich:

Wir sind angekommen – nicht geografisch, sondern im Leben.

Mit diesem Buch wollte ich meinen Weg zeigen. Einen Weg, der nicht immer gerade war – aber meiner war. Einen Weg, auf dem ich manchmal gefallen bin, aber immer wieder aufgestanden bin. Und vielleicht liest du das hier gerade in einer Phase, in der du denkst, dass alles zu viel ist. Dann will ich dir sagen: Auch wenn deine Ausgangslage nicht rosig ist – **da geht noch was.**

Denn ich bin der lebende Beweis dafür, dass man mit einem roten Faden im Herzen, einer Prise Frechheit und einer ordentlichen Portion Mut selbst aus den verrücktesten Zutaten ein richtig gutes Leben kochen kann.

Und genau hier endet er – **mein roter Faden.**

Mit einem Happy End, das nach Meer riecht, nach Prosecco schmeckt und sich anfühlt wie Zuhause im Herzen.

DANKE – EINE PERSÖNLICHE WIDMUNG AN IVO

Mein Seelenverwandten und Lieblingsmensch, du hast meine Geschichte nicht nur mitgeschrieben, sondern sie bunter, leichter und tiefer gemacht. Danke, dass du mich jeden Tag siehst, so wie ich bin – mit all meinen Ecken, Ideen und meinem ganz eigenen Chaos. Ich bin unendlich dankbar, dass das Universum dich zu mir geschickt hat. Oder sagen wir es ehrlich: bestellt hab ich dich ja selbst!

AN MEINE KIDS – CARSTEN, MARVIN & LUANA

Ihr wart meine grössten Herausforderungen – und mein grösster Seegen .

Ihr habt mich wachsen lassen, manchmal an meine Grenzen gebracht und oft darüber hinaus.

Aber vor allem habt ihr mir gezeigt, wie stark Liebe wirklich ist.

Jeder von euch geht seinen eigenen Weg, mit eigenen Träumen, Kämpfen und Kanten – und das ist gut so.

Ich bin stolz auf euch. Und ich werde immer da sein, wenn ihr mich braucht.

Auch wenn ich irgendwann mit einem Prosecco am Pool sitze. Lasse gern drei Plätze neben mir frei für euch.